In dieser Reihe erhältlich:

Schnelle Gerichte

Studenten Küche

Vegetarisch

W0057928

Wok

Grillen

Nudel Gerichte

Salate

Tapas

Partyküche

Säfte & Shakes

Cocktails

Desserts

Schokolade

Cupcakes & Muffins

Backen

Vegan

Unkomplizierte Gerichte für jeden Tag

Bath · New York · Cologne · Melbourne · Delhi
Hong Kong · Shenzhen · Singapore · Amsterdam

Copyright © Parragon Books Ltd

Neue Rezepte: Jane Hughes
Fotos: Noel Murphy
Fachberatung: Penny Stephens

Copyright © für die deutsche Ausgabe
Parragon Books Ltd
Chartist House
15–17 Trim Street
Bath BA1 1HA, UK
www.parragon.com

Realisation der deutschen Ausgabe: trans texas publishing, Köln
Übersetzung: Lisa Voges, Ravensburg
Satz: Jeanette Frieberg, Buchgestaltung | Mediendesign, Leipzig

ISBN 978-1-4748-0328-1

Printed in China

Hinweis

Sofern die Schale von Zitrusfrüchten benötigt wird, verwenden Sie unbedingt unbehandelte Früchte.
Sind Zutaten in Löffeln angegeben, ist immer ein gestrichener Löffel gemeint: Ein Teelöffel entspricht 5 ml,
ein Esslöffel 15 ml.

Es sollte stets frisch gemahlener schwarzer Pfeffer verarbeitet werden. Bei Eiern und einzelnen Gemüse-
sorten, z. B. Kartoffeln, verwenden Sie mittelgroße Exemplare. Waschen und schälen Sie Wurzelgemüse
vor seiner Verwendung, sofern es im Rezept nicht anders angegeben ist.

Garnierungen, Dekorationen und Serviervorschläge sind kein fester Bestandteil der Rezepte und daher
nicht unbedingt in der Zutatenliste oder Zubereitung aufgeführt. Die angegebenen Zeiten können von den
tatsächlichen abweichen, da je nach Zubereitungsmethode und vorhandenem Herdtyp Schwankungen
auftreten. Optionale Zutaten, Variationen oder Serviervorschläge sind bei den Zeitangaben nicht
berücksichtigt.

Kinder, ältere Menschen, Schwangere, Kranke und Rekonvaleszenten sollten auf Gerichte mit rohen oder
nur leicht gegarten Eiern verzichten. Schwangere und stillende Frauen sollten den Verzehr von Erdnüssen
oder erdnusshaltigen Zubereitungen vermeiden. Allergiker sollten bedenken, dass in allen in diesem Buch
verwendeten Fertigprodukten Spuren von Nüssen enthalten sein könnten.

Für die Rezepte in diesem Buch wurden ausschließlich vegane Zutaten verwendet. Zutaten, die tierische
Inhaltsstoffe enthalten könnten, wurden zusätzlich als vegan gekennzeichnet. Viele Fertigprodukte
enthalten tierische Produkte, daher sollten Sie immer auf die Packungsangaben achten.

Inhaltsverzeichnis

Der Veganismus spricht zunehmend mehr Menschen an. Anders als der Vegetarier verzichtet der Veganer generell auf tierische Produkte, so also auch auf Eier, Milchprodukte oder Honig. Früher galt vielen Kritikern der Vegetarismus als etwas Ungesundes. Sie argumentierten, dass eine naturgemäße, ausgewogene Ernährung auch Fleisch enthalten müsse. Doch Millionen von gesunden Vegetariern beweisen das Gegenteil.

Aktuelle Studien zeigen, dass der Verzehr von (insbesondere rotem) Fleisch in einer gesunden Ernährung nur eine untergeordnete Rolle spielen sollte. Für Menschen, die sich aus gesundheitlichen Gründen oder wegen des Tierschutzes entscheiden, auf tierische Produkte zu verzichten, ist der Wechsel zur veganen Ernährung ein logischer Schritt.

Milchprodukte sind häufig stark fett- und cholesterinhaltig. Zudem leistet der hohe Konsum von Eiern und Milchprodukten einer lebens-

verachtenden Massentierhaltung Vorschub. Früher waren es die Vegetarier, heute sind es die Veganer, die sich mit dem uralten Argument konfrontiert sehen, eine rein pflanzliche Ernährung sei ungesund. Doch wieder einmal gilt: Probieren geht über studieren. Veganer berichten, dass eine rein pflanzliche Kost ihre Gesundheit verbesserte, dass sie sich gestärkt und fit fühlen.

Da die globale Bevölkerung wächst, müssen neue Wege gefunden werden, alle Menschen zu ernähren. Die Milchwirtschaft zu vergrößern oder die Leistung von Tieren genetisch zu steigern, kann hier nicht die Lösung sein. Fakt ist, dass der Mensch für seine Ernährung keine tierischen Produkte benötigt. Und Fakt ist ebenfalls, dass in der landwirtschaftlichen Tierhaltung Unmengen an Wasser und Getreide verbraucht werden, die auch dazu dienen könnten, hungernde Menschen zu ernähren. Es ist Zeit, unsere Ernährung zu überdenken.

Eine rein pflanzliche Kost ist vernünftig, gesund und umweltfreundlich. Doch der Mensch isst auch, um zu genießen. Daher legen wir Ihnen dieses Buch ans Herz, in dem Sie eine Vielzahl von leckeren Gerichten für jede Tageszeit sowie Desserts und Süßes finden. Ja, Veganer essen auch Kuchen und Eis! Ob Sie Anfänger in der veganen Küche sind oder einfach nur ein wenig kulinarische Inspiration suchen, von diesen köstlichen Rezepten werden Sie begeistert sein.

Start in den Tag

Sunrise-Smoothie

Start in den Tag

Zutaten für 1 Person

- 1 Banane
- 60 g Seidentofu, abgetropft
- 175 ml Orangensaft
- 200 g gemischte Beeren, Tiefkühlware

So geht's

Banane und Tofu in grobe Stücke schneiden.

Bananen- und Tofustücke zusammen mit den restlichen Zutaten in einer Küchenmaschine, einem Mixer oder in einer großen Schüssel mit einem Stabmixer pürieren. Verarbeiten, bis alles gut vermengt ist.

In ein hohes Glas füllen und sofort servieren.

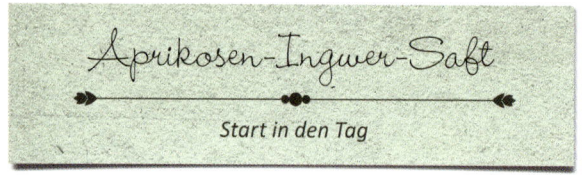

Aprikosen-Ingwer-Saft

Start in den Tag

Zutaten für 2 Personen

- 6 Aprikosen
- 1 Orange
- 1 Zitronengrasstängel
- 2-cm-Stück frische Ingwerwurzel, geschält
- Eiswürfel, zum Servieren

So geht's

Die Aprikosen halbieren und entsteinen. Die Orange schälen, einen Teil der weißen Haut stehen lassen. Das Zitronengras in Stücke schneiden.

Aprikosen, Orange, Zitronengras und Ingwer in einen Entsafter geben und verarbeiten, bis die ganze Flüssigkeit entzogen ist. Den Saft auf Gläser verteilen, das Eis hinzufügen und sofort servieren.

Erdbeer-Vanille-Sojashake

Start in den Tag

Zutaten für 2 Personen

- 200 g Erdbeeren
- 200 g Sojajoghurt
- 100 ml gekühlte Sojamilch
- einige Tropfen Vanillearoma
- Agavendicksaft, nach Geschmack

So geht's

Die Erdbeeren sorgfältig putzen, halbieren und in eine kleine Schüssel geben.

Erdbeerhälften, Sojajoghurt, Sojamilch und Vanillearoma in einer Küchenmaschine oder in einer großen tiefen Schüssel mit einem Stabmixer fein pürieren. Verarbeiten, bis ein dickflüssiger Saft entsteht. Mit Agavendicksaft nach Geschmack süßen.

In hohe Serviergläser füllen und sofort servieren.

Äpfel-Kiwi-Saft

Start in den Tag

Zutaten für 2 Personen

- 2 grüne Äpfel,
  z. B. Granny Smith
- ½ Salatgurke
- 2 Kiwis
- ½ Zitrone
- 2-cm-Stück frische
  Ingwerwurzel, geschält

So geht's

Die Äpfel entkernen und das Fruchtfleisch ungeschält fein hacken.
Die Gurke würfeln. Die Kiwis mit einem Sparschäler schälen und fein
hacken. Die Zitrone in dünne Scheiben schneiden und 2 Scheiben
beiseitelegen. Schließlich den Ingwer fein hacken.

Alle Zutaten in einen Entsafter füllen und verarbeiten, bis die gesamte
Flüssigkeit entzogen ist.

Den Saft auf Gläser verteilen und mit den Zitronenscheiben dekorieren.
Sofort servieren.

Rote Energiebombe

Start in den Tag

Zutaten für 2 Personen

- 250 ml Karottensaft
- 250 ml Tomatensaft
- 2 große rote Paprika, entkernt und grob gehackt
- 1 EL Zitronensaft
- Pfeffer
- Zitronenscheiben, zum Garnieren

So geht's

Karotten- und Tomatensaft in einer Küchenmaschine oder mit einem Stabmixer behutsam mischen.

Rote Paprika und Zitronensaft hinzufügen. Großzügig pfeffern und glatt mixen. Die Mischung auf Gläser verteilen und mit den Zitronenscheiben garnieren. Die roten Energiebomben sofort servieren.

Kirsch-Mandel-Müsli

Start in den Tag

Zutaten für 10 Personen

- Pflanzenöl in einer Sprühflasche
- 250 g feine Haferflocken
- 50 g Kokosraspel
- 50 g Mandelblättchen
- 50 g Leinsamenmehl

- ¼ TL Salz
- 150 ml Ahornsirup
- 4 EL Wasser
- 1 EL Pflanzenöl
- einige Tropfen Vanillearoma

- 100 g entsteinte getrocknete Kirschen, gehackt
- Sojamilch, zum Servieren

So geht's

Den Backofen auf 140 °C vorheizen. Ein Backblech mit Backpapier auslegen und leicht mit dem Pflanzenöl einsprühen.

Haferflocken, Kokosraspel, Mandeln, Leinsamenmehl und Salz in einer Schüssel gut mischen. Ahornsirup, Wasser, Pflanzenöl und Vanillearoma in einer Schale verrühren. Die flüssigen zu den trockenen Zutaten gießen und gut vermengen. Die Masse gleichmäßig auf dem vorbereiteten Backblech verteilen.

Etwa 45 Minuten im vorgeheizten Ofen backen, dann einmal gut umrühren und wieder gleichmäßig auf dem Blech verteilen. Weitere 30–40 Minuten backen, bis die Masse knusprig ist und beginnt, Farbe anzunehmen. Aus dem Ofen nehmen und die Kirschen unterrühren.

Auf Zimmertemperatur abkühlen lassen und mit Sojamilch servieren. In einem dicht schließenden Behälter hält sich das Müsli bis zu 1 Woche.

Start in den Tag

Zutaten für 3–4 Personen

- 160 g feine Haferflocken
- 3 EL Leinsamenmehl
- 30 g vegane Margarine
- 50 g grobe Erdnussbutter

- 50 g heller Agavendicksaft
- einige Tropfen Vanillearoma

- Sojamilch oder Sojajoghurt und Blaubeeren, zum Servieren

So geht's

Den Backofen auf 160 °C vorheizen. Ein Backblech mit Backpapier auslegen.

Haferflocken und Leinsamenmehl in einer großen Schüssel mischen.

Margarine, Erdnussbutter und Agavendicksaft entweder in einem kleinen Topf auf niedriger Stufe oder in einem geeigneten Gefäß in der Mikrowelle erhitzen, bis die Margarine geschmolzen ist. Das Vanillearoma zufügen und gut unterrühren.

Die heiße Flüssigkeit in die Schüssel mit der Haferflockenmischung gießen und alles gut vermengen.

Die Mischung auf dem Backblech verteilen. 20 Minuten im vorgeheizten Ofen backen, bis sie getrocknet ist und langsam goldgelb wird. Aus dem Ofen nehmen und auskühlen lassen. Das Müsli zerbröckeln und in einem luftdicht verschließbaren Behälter lagern oder sofort mit Sojamilch oder Sojajoghurt und frischen Blaubeeren servieren.

Bananenshake mit Ahornsirup

Start in den Tag

Zutaten für 2 Personen

- 1 große Banane
- 350 ml gekühlte Soja- oder Mandelmilch
- 2 EL veganes Omega-3-6-9-Öl
- 1 TL Ahornsirup

So geht's

Die Banane in grobe Stücke schneiden.

Banane, Milch und Öl in einer Küchenmaschine oder in einer großen tiefen Schüssel mit einem Stabmixer fein pürieren. Verarbeiten, bis ein dickflüssiger Saft entsteht. Mit Ahornsirup nach Geschmack süßen.

In hohe Serviergläser füllen und sofort servieren.

Exotische Hafergrütze

Start in den Tag

Zutaten für 2 Personen

- 100 g feine Haferflocken
- 300 ml heißes Wasser
- 1 Prise Salz
- 50 g exotischer Früchte-Nuss-Mix

- 1 große oder 2 kleine Bananen
- fettreduzierte Kokosmilch, zum Servieren

So geht's

Haferflocken, heißes Wasser und Salz in einem Topf vermengen und zum Kochen bringen. 5 Minuten auf niedriger Stufe unter häufigem Rühren köcheln, bis die Masse andickt und schön cremig ist.

Kurz vor Garende den Früchte-Nuss-Mix unterrühren und 1 weitere Minute köcheln.

Die Grütze auf zwei Servierschalen verteilen. Die Banane schälen, in Scheiben schneiden und auf die Schalen verteilen. Sofort mit der Kokosmilch servieren.

Obstsalat mit Müsli-Cookies

Start in den Tag

Zutaten für 2 Salate und 30 Cookies

Obstsalat
- 1 große Orange
- 1 Grapefruit
- 1 rotfleischige Grapefruit
- Ahornsirup, nach Geschmack

Cookies
- 160 g vegane Margarine
- 300 g Zucker
- 175 g Mehl
- ½ TL Backpulver
- 50 g Leinsamenmehl
- 1 TL Zimt
- ½ TL Salz
- 125 ml Sojamilch
- einige Tropfen Vanillearoma
- 50 g Rosinen
- 50 g fein gehackte Datteln
- 50 g fein gehackte Walnüsse
- 250 g feine Haferflocken

So geht's

Den Backofen auf 180 °C vorheizen. Ein großes Backblech mit Backpapier auslegen.

Für die Cookies Margarine und Zucker in einer großen Rührschüssel cremig rühren. Mehl und Backpulver hineinsieben und zusammen mit Leinsamenmehl, Zimt und Salz unterrühren.

Sojamilch und Vanillearoma in einer Schüssel verquirlen und zusammen mit Rosinen, Datteln, Walnüssen und Haferflocken in den Teig geben. Alles gut vermengen.

Eine kleine Portion Teig abtrennen und zu einer Kugel mit 4 cm Durchmesser formen. Auf das vorbereitete Blech geben und ein wenig flach drücken. Auf diese Weise etwa 30 Cookies herstellen. 15 Minuten im Ofen goldgelb backen. Kurz auf dem Blech abkühlen lassen, dann auf ein Kuchengitter heben.

Für den Obstsalat die Früchte mit einem Messer von Schale und weißer Haut befreien. Dann entlang der einzelnen Segmente einschneiden, um die Zitrusfilets herauszulösen. Auf zwei Servierschalen verteilen, mit Ahornsirup nach Geschmack beträufeln und mit Cookies servieren. Luftdicht verschlossen sind die restlichen Cookies bis zu 5 Tage haltbar.

Frühstücksmuffins

Start in den Tag

Zutaten für 12 Stück

- vegane Margarine, zum Einfetten
- 280 g Mehl
- 1 EL Backpulver
- 2 EL Espressopulver
- 1 TL Zimt

- 175 g Zucker
- 250 ml Sojamilch
- 80 ml Rapsöl
- einige Tropfen Vanillearoma
- 100 g Walnüsse, gehackt

Knusperkruste
- 30 g fein gehackte Walnüsse
- 20 g brauner Zucker

So geht's

Den Backofen auf 180 °C vorheizen. Eine 12er-Muffinform leicht einfetten oder mit 12 Papierförmchen auslegen.

Mehl, Backpulver, Espressopulver und Zimt in eine große Schüssel sieben, dann den Zucker untermischen.

In einer zweiten Schüssel Sojamilch, Öl und Vanillearoma verrühren. Zusammen mit den gehackten Walnüssen zu den trockenen Zutaten geben und vermengen, bis ein Teig entsteht und die Zutaten sich verbinden.

Den Teig auf die Muffinförmchen verteilen und mit fein gehackten Walnüssen und braunem Zucker bestreuen. Die Muffins 20–25 Minuten im vorgeheizten Ofen backen, bis an einem in die Mitte der Muffins gestochenen Spieß kein Teig mehr haftet. 5 Minuten leicht abkühlen lassen, dann aus der Form lösen und servieren.

Frühstücksburritos

Start in den Tag

Zutaten für 2 Personen

Bohnen
- 1 EL Olivenöl
- 1 Zwiebel, fein gehackt
- 1 grüne Paprika, entkernt und fein gehackt
- 400 g Azukibohnen aus der Dose, abgespült und abgetropft
- 1 EL Melasse
- 1 EL Ahornsirup
- 1 TL Senf
- ½ TL Zimt
- 1 TL Paste aus sonnengetrockneten Tomaten
- 400 ml Wasser
- Salz und Pfeffer
- 2 EL Pflanzenöl
- 2 vegane Würstchen
- 75 g Ananasstücke
- 2 weiche vegane Tortilla-Wraps (wenn erhältlich, quadratische)
- 1 Handvoll frischer Babyspinat, in Streifen geschnitten

So geht's

Für die pikanten Bohnen das Olivenöl in einem Topf auf mittlerer Stufe erhitzen und Zwiebel und Paprika darin 3 Minuten weich dünsten. Die restlichen Zutaten für die Bohnen hinzufügen und einmal aufkochen. Dann auf niedriger Stufe 30 Minuten köcheln lassen. Mit Salz und Pfeffer nach Geschmack würzen.

Das Pflanzenöl in einer großen Pfanne auf mittlerer Stufe erhitzen. Würstchen und Ananasstücke darin 10 Minuten garen. Leicht abkühlen lassen, dann die Würstchen in mundgerechte Stücke schneiden.

Die Bohnenmischung auf die 2 Tortillas verteilen und verstreichen, bis die gesamte Oberfläche bedeckt ist. Die Bohnen mit einer Schicht Spinat bedecken.

Ananas- und Wurststücke auf die Tortillas verteilen. Bei runden Tortillas in einer Linie in der Mitte, bei quadratischen an einer Seite platzieren. Die Tortillas so eng wie möglich aufrollen.

Mit einem scharfen Messer jeden Burrito in 2–3 Stücke schneiden und sofort servieren.

Buchweizen-Mandelbrei

Start in den Tag

Zutaten für 6 Personen

Mandelmilch
- 70 g ganze Mandeln, über Nacht in Wasser eingeweicht
- 300 ml Wasser

Brei
- 350 g roher Buchweizenschrot, 90 Minuten in kaltem Wasser eingeweicht
- 1 TL Zimt

- 2 EL heller Agavendicksaft, plus etwas mehr zum Servieren
- frische Erdbeerscheiben, zum Servieren

So geht's

Für die Mandelmilch die Mandeln abgießen und in eine Küchenmaschine füllen. Das Wasser hinzufügen. Die Maschine 2–3 Minuten laufen lassen, um alles so fein wie möglich zu pürieren.

Die Mandeln durch ein mit einem Musselintuch ausgelegten Sieb abseihen und so viel Flüssigkeit wie möglich auspressen. So sollten Sie etwa 300 ml rohe Mandelmilch erhalten.

Den eingeweichten Buchweizen unter kaltem Wasser gründlich abspülen. Mit Mandelmilch, Zimt und Agavendicksaft in eine Küchenmaschine füllen und zu einem Brei mit leicht grober Textur verarbeiten.

Mindestens 30 Minuten oder besser noch über Nacht in den Kühlschrank stellen. Abgedeckt ist die Grütze im Kühlschrank bis zu 3 Tage haltbar.

In kleine Schalen füllen und mit Agavendicksaft nach Geschmack süßen. Mit Erdbeerscheiben servieren.

Gerührter Kräutertofu

Start in den Tag

Zutaten für 2 Personen

- 400 g fester Tofu
- 12 Strauch-Kirschtomaten
- Olivenöl, zum Rösten
- 1 kleines veganes Ciabatta
- 30 g vegane Margarine

- 2 Knoblauchzehen, halbiert und zerdrückt
- 5 EL frisch gehackte gemischte Kräuter (Estragon, Schnittlauch und Petersilie)

- Salz und Pfeffer
- geräuchertes Paprikapulver (Pimentón), nach Geschmack

So geht's

Den Backofen auf 200 °C vorheizen. Falls der Tofu in Wasser eingelegt ist, abtropfen und die Flüssigkeit so gut wie möglich ausdrücken. Den Tofu dann behutsam in eine Schüssel bröckeln.

Die Tomaten in einem mittelgroßen Bräter leicht mit Olivenöl beträufeln. 5 Minuten im vorgeheizten Ofen rösten, bis sie warm sind und aufplatzen.

Das Brot halbieren und jede Hälfte noch einmal quer durchschneiden. Die Brotscheiben beidseitig rösten.

Die Margarine in einer großen Pfanne auf mittlerer Stufe zerlassen. Den Knoblauch darin 1 Minute anbraten, aus der Pfanne nehmen und entsorgen.

Den Tofu in die Pfanne mit dem Knoblauchöl geben. Auf mittlerer Stufe 3–4 Minuten braten, bis er leicht braun wird. Dabei gelegentlich umrühren. Vom Herd nehmen, die frisch gehackten Kräuter dazugeben und mit Salz und Pfeffer nach Geschmack würzen.

Das Tofu-»Rührei« mit Paprikapulver nach Geschmack bestreuen. Sofort auf den gerösteten Brotscheiben verteilen und mit den Tomaten als Beilage servieren.

Süßkartoffel-Pfannkuchen

Start in den Tag

Zutaten für 4 Personen

Pfannkuchen
- 200 ml Sojamilch
- 50 g Mehl
- 50 g Kichererbsenmehl
- 100 g geriebene Süßkartoffel

- 1 kleine rote Zwiebel, fein gehackt
- Pflanzenöl, zum Braten

Füllung
- 150 g frischer Baby-spinat, in Streifen geschnitten
- 20 g Korinthen
- 1 EL Olivenöl
- 30 g Pinienkerne
- Salz und Pfeffer

So geht's

Für die Füllung den Spinat mit 1 Spritzer Wasser in einen Topf geben. Auf mittlerer Stufe 2–3 Minuten zusammenfallen lassen. Auf einen Teller geben und so viel Wasser wie möglich auspressen. Beiseitestellen.

Für die Pfannkuchen Milch und beide Mehlsorten in einer Schüssel verrühren. Süßkartoffel und Zwiebel hinzufügen und alles vermengen.

Ein wenig Pflanzenöl in einer Pfanne auf hoher Stufe erhitzen und ein Viertel des Pfannkuchenteigs hineingeben. Mit einem Löffelrücken in der gesamten Pfanne verteilen. 2–3 Minuten auf jeder Seite backen, bis der Teig braun und knusprig geworden ist. Auf einen mit Küchenpapier ausgelegten Teller legen. Die restlichen 3 Pfannkuchen ebenso backen.

Spinat, Korinthen, Olivenöl und Pinienkerne in einem Topf auf mittlerer Stufe erhitzen. Mit Salz und Pfeffer würzen. Etwa 1 Minute garen. Ein Viertel der Spinatmischung auf einer Hälfte eines Pfannkuchens verteilen, dann die andere Pfannkuchenhälfte darüberklappen. Mit den restlichen Pfannkuchen ebenso verfahren.

Variation

Aus dem Teig 8–10 Mini-Pfannkuchen herstellen und dann abwechselnd mit der Füllung übereinanderstapeln.

Zutaten für 4 Personen

- 12 Scheiben veganes Baguette, je 1 cm dick, oder 2 kleine vegane Baguettes, längs aufgeschnitten
- 3 EL Olivenöl
- 2 Knoblauchzehen, zerdrückt
- 250 g braune Champignons, in Scheiben geschnitten
- 250 g gemischte Pilze
- 2 TL Zitronensaft
- Salz und Pfeffer
- 2 EL frisch gehackte glatte Petersilie

So geht's

Den Backofengrill vorheizen. Die Baguettescheiben auf einen Rost legen und goldbraun rösten. Herausnehmen und warm halten.

Unterdessen das Öl in einer Pfanne erhitzen. Den Knoblauch darin ein paar Sekunden sanft andünsten, dann die Champignons zugeben. Auf hoher Stufe 3 Minuten unter Rühren anbraten. Die gemischten Pilze hinzufügen und weitere 2 Minuten braten. Den Zitronensaft unterrühren.

Mit Salz und Pfeffer nach Geschmack würzen und die Petersilie dazugeben.

Die Pilzmischung auf die Brotscheiben verteilen und sofort servieren.

Für Zwischendurch

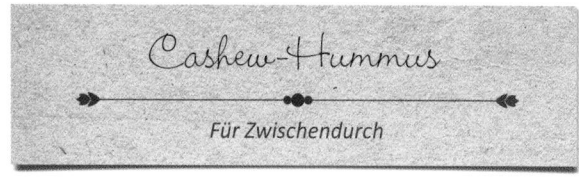

Cashew-Hummus

Für Zwischendurch

Zutaten für 4 Personen

- 150 g Cashewkerne
- 2 EL Tahini
- Saft von 2 Zitronen
- 4 EL Olivenöl
- ½ TL Zwiebelpulver

- ½ TL Knoblauchpulver
- Meersalz und Pfeffer
- Paprikapulver und Chiliöl, zum Servieren

- getoastetes veganes Pita-Brot, zum Servieren

So geht's

Die Cashewkerne in eine Schüssel geben, mit Wasser bedecken und 2 Stunden einweichen.

Die Cashews abgießen und mit Tahini, Zitronensaft, Öl, Zwiebelpulver und Knoblauchpulver in einen Mixer oder eine Küchenmaschine füllen. Zu einer glatten Paste verarbeiten. Nach und nach ein wenig Wasser hinzufügen, bis die Masse die gewünschte Konsistenz erreicht hat. Abschmecken und bei Bedarf mehr Salz und Pfeffer hinzufügen.

Das Hummus in eine kleine Schale füllen, mit etwas Paprikapulver bestäuben, mit etwas Chiliöl beträufeln und mit dem gerösteten Pita-Brot servieren.

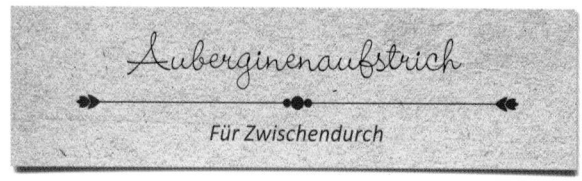

Auberginenaufstrich

Für Zwischendurch

Zutaten für 6 Personen

- 2 große Auberginen
- 4 EL natives Olivenöl extra
- 2 Knoblauchzehen, sehr fein gehackt
- 4 EL Zitronensaft
- Salz und Pfeffer
- 6 Scheiben veganes Vollkornknäckebrot, zum Servieren
- 2 EL frisch gehackte Petersilie, zum Garnieren

So geht's

Den Backofen auf 180 °C vorheizen. Die Schale der Auberginen, ohne das Fruchtfleisch zu verletzen, mit der Spitze eines scharfen Messers einritzen und die Auberginen auf ein Backblech setzen. 1¼ Stunden im vorgeheizten Ofen backen, bis sie weich sind.

Die Auberginen aus dem Ofen nehmen und leicht abkühlen lassen. Dann halbieren, das Fruchtfleisch mit einem Löffel aus der Schale in eine Schüssel schaben und gut zerdrücken.

Nach und nach das Olivenöl unterrühren, dann Knoblauch und Zitronensaft dazugeben. Mit Salz und Pfeffer nach Geschmack würzen. Mit Frischhaltefolie abdecken und bis zur Verwendung in den Kühlschrank stellen. Den Auberginenaufstrich auf Knäckebrot servieren und mit Petersilie garnieren.

Tomaten-Bohnen-Salsa

Für Zwischendurch

Zutaten für 4 Personen

- 200 g Kirschtomaten, geviertelt
- 1 kleine rote Zwiebel, sehr fein gehackt
- 200 g Azukibohnen aus der Dose, abgespült und abgetropft
- ½ rote Paprika, entkernt und fein gehackt
- ½ –1 roter Chili (nach Geschmack), entkernt und sehr fein gehackt
- 2 TL Paste aus sonnengetrockneten Tomaten
- 1 TL Agavendicksaft
- 1 große Handvoll frisch gehackter Koriander
- Salz und Pfeffer
- 4 kleine, weiche vegane Tortillas, zum Servieren
- Chiliöl, zum Servieren

So geht's

Tomaten, Zwiebel, Bohnen, rote Paprika, Chili, Tomatenpaste, Agavendicksaft und Koriander in einer großen Schüssel gut vermengen und mit Salz und Pfeffer nach Geschmack würzen.

Die Mischung abgedeckt mindestens 15 Minuten im Kühlschrank durchziehen lassen. Währenddessen den Backofengrill vorheizen.

Die Tortillas unter dem vorgeheizten Grill leicht rösten. Kurz abkühlen lassen, dann in Streifen schneiden.

Die Salsa in eine kleine Servierschale füllen. Mit den Tortillastreifen und Chiliöl zum Dippen servieren.

Süßkartoffel-Fritten

Für Zwischendurch

Zutaten für 4 Personen

- Pflanzenöl in einer Sprühflasche
- 1 kg Süßkartoffeln
- ½ TL Salz
- ½ TL gemahlener Kreuzkümmel
- ¼ TL Cayennepfeffer

So geht's

Den Backofen auf 230 °C vorheizen. Ein großes Backblech mit Pflanzenöl besprühen.

Die Süßkartoffeln schälen und in 1 cm x 7,5 cm große Stifte schneiden. Die Kartoffelstifte auf dem Backblech verteilen und mit Pflanzenöl besprühen.

Salz, Kreuzkümmel und Cayennepfeffer in einer kleinen Schüssel mischen. Die Gewürzmischung gleichmäßig auf den Süßkartoffeln verteilen und diese gut darin wenden.

Die Süßkartoffeln wieder auf dem Backblech verteilen und 15–20 Minuten im Ofen backen, bis sie gar und leicht gebräunt sind. Die Fritten heiß servieren.

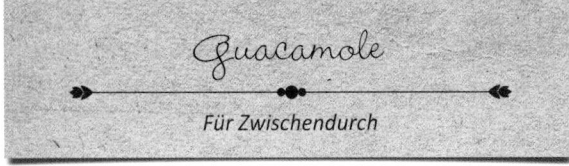

Guacamole

Für Zwischendurch

Zutaten für 4 Personen

- 2 große Avocados
- Saft von 1–2 Limetten
- 2 große Knoblauchzehen, zerdrückt
- 1 TL mildes Chilipulver oder nach Geschmack, plus etwas mehr zum Garnieren
- Salz und Pfeffer

So geht's

Die Avocados halbieren, entkernen und schälen.

Zusammen mit dem Limettensaft in eine Küchenmaschine geben. Knoblauch und Chilipulver hinzufügen und alles fein pürieren.

Mit Salz und Pfeffer abschmecken. In eine Servierschale füllen, mit Chilipulver garnieren und sofort servieren.

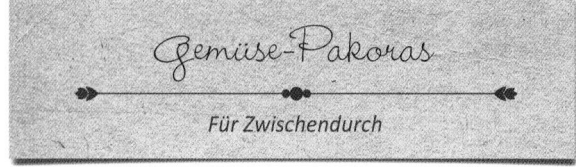

Gemüse-Pakoras

Für Zwischendurch

Zutaten für 4 Personen

- 60 g Kichererbsenmehl
- ½ TL Salz
- 1 TL Chilipulver
- 1 TL Backpulver
- 1½ TL Kreuzkümmelsamen
- 300 ml Wasser
- ¼ Bund frisch gehackter Koriander, plus einige Blätter mehr zum Garnieren
- Gemüse nach Wahl, z. B. kleine Blumenkohlröschen, Zwiebelringe, Kartoffelscheiben, Auberginenscheiben oder frische Spinatblätter
- Pflanzenöl, zum Frittieren

So geht's

Das Mehl in eine große Schüssel sieben und mit Salz, Chilipulver, Backpulver und Kreuzkümmel gründlich vermengen. Das Wasser zugießen und alles zu einem glatten Teig verarbeiten. Den gehackten Koriander hinzufügen und gut untermischen. Den Teig bis zur Weiterverarbeitung beiseitestellen.

Das Gemüse einzeln in den Backteig tauchen und überschüssigen Teig abschütteln.

Ausreichend Öl zum Frittieren in einem Topf oder einer Fritteuse auf 180 °C erhitzen, bis ein Brotwürfel darin innerhalb von 30 Sekunden braun wird. Die Gemüsestücke ins Öl geben und portionsweise frittieren. Dabei jeweils einmal wenden.

Die fertigen Pakoras auf Küchenpapier abtropfen lassen. Mit Korianderblättern garnieren und sofort servieren.

Nachos mit Salsa und Raita

Für Zwischendurch

Zutaten für 4 Personen

- 200 g vegane, leicht gesalzene Tortillachips

Salsa verde
- 2 Knoblauchzehen
- 1 EL körniger Senf
- 2 EL Kapern
- 4 EL frisch gehackte glatte Petersilie
- 2 EL frisch gehackte Minze

- 2 EL frisch gehacktes Basilikum
- 150 ml Olivenöl
- 1 EL frisch gepresster Zitronensaft
- Salz und Pfeffer

Gurken-Raita
- 1 TL Kreuzkümmelsamen
- 150 g Sojajoghurt Natur

- 80 g Salatgurke, geschält und gerieben
- 50 g ungeschälte Salatgurke, fein gehackt
- ¼ TL Cayennepfeffer

So geht's

Für die Salsa verde Knoblauch, Senf, Kapern, gehackte Kräuter, 50 ml des Olivenöls und Zitronensaft in einer Küchenmaschine sehr fein hacken. Bei laufender Maschine nach und nach das restliche Olivenöl eingießen. Mit Salz und Pfeffer nach Geschmack würzen. Vor dem Servieren mindestens 30 Minuten im Kühlschrank durchziehen lassen.

Für das Raita die Kreuzkümmelsamen in einer Pfanne ohne Fett auf hoher Stufe leicht rösten. Die Pfanne dabei 1–2 Minuten ständig schwenken. Die Samen sofort in einen Mörser geben und zerstoßen oder mit einem Teigroller zerkleinern. Joghurt, geriebene und gehackte Gurke und Cayennepfeffer in eine Schüssel füllen, dann den zerstoßenen Kreuzkümmel hinzufügen. Alles gut verrühren. Vor dem Servieren mindestens 30 Minuten im Kühlschrank durchziehen lassen.

Die Dips zum Servieren in Schalen füllen und mit den Tortillachips auf einer großen Servierplatte platzieren.

Knusprige Zucchini-Crostini

Für Zwischendurch

Zutaten für 6 Personen

- 1 Zucchini
- 1 TL Salz
- ½ Apfel, geschält und gerieben
- 1 EL frisch gehackte Minze

- 2 Frühlingszwiebeln, fein gehackt
- 6 Scheiben veganes Baguette

- 1 Knoblauchzehe, längs halbiert
- Olivenöl und Pfeffer, zum Servieren

So geht's

Die Enden der Zucchini abschneiden. Die Zucchini reiben und die Raspel auf einem sauberen Geschirrtuch verteilen. Mit dem Salz bestreuen und etwa 5 Minuten ziehen lassen. Dann mithilfe des Tuchs so viel Flüssigkeit wie möglich aus der Zucchini auspressen.

Die Zucchini in einer großen Schüssel mit Apfel, Minze und Frühlingszwiebeln mischen.

Die Brotscheiben beidseitig leicht rösten. Je 1 Seite mit den Knoblauchhälften einreiben.

Die Zucchinimischung gleichmäßig auf die Brotscheiben verteilen. Vor dem Servieren mit etwas Olivenöl beträufeln und mit etwas Pfeffer bestreuen.

Müsliriegel mit Ahornsirup

Für Zwischendurch

Zutaten für 12 Stück

- Pflanzenöl in einer Sprühflasche
- 170 g feine Haferflocken
- 50 g Pekannüsse, gehackt
- 50 g Mandelblättchen

- 120 ml Ahornsirup
- 50 g Rohrzucker
- 60 g Erdnussbutter
- einige Tropfen Vanillearoma

- ¼ TL Salz
- 30 g Puffreis
- 30 g Leinsamenmehl

So geht's

Den Backofen auf 180 °C vorheizen. Eine Auflaufform (23 cm x 33 cm Seitenlänge) mit Pflanzenöl einsprühen.

Haferflocken, Pekannüsse und Mandeln auf einem Backblech mischen und 5–7 Minuten im vorgeheizten Ofen leicht anbräunen.

Derweil Ahornsirup, Rohrzucker und Erdnussbutter in einem Topf auf mittlerer Stufe zum Kochen bringen. 4–5 Minuten unter Rühren köcheln, bis die Masse leicht andickt. Vanillearoma und Salz unterrühren.

Die fertig gerösteten Haferflocken und Nüsse in einer Schüssel mit Puffreis und Leinsamenmehl vermischen. Die Sirupmischung hinzufügen und alles vermengen. Die Sirup-Haferflocken-Masse in die Auflaufform geben und glatt streichen. Mindestens 1 Stunde in den Kühlschrank stellen. Dann in 12 Riegel schneiden und bei Zimmertemperatur servieren. Übrig gebliebene Riegel halten sich in einem dicht schließenden Behälter einige Tage lang frisch.

Mango-Kokos-Muffins

Für Zwischendurch

Zutaten für 12 Stück

- vegane Margarine, zum Einfetten
- 250 g Mehl
- 1 EL Backpulver
- 1 EL Leinsamenmehl
- 60 g Kokosraspel, plus 2 EL zum Bestreuen
- 125 g Zucker
- 9 grüne Kardamomkapseln
- 175 ml Sojamilch
- 5 EL Rapsöl
- 250 g frische reife Mango, gehackt

So geht's

Den Backofen auf 190 °C vorheizen. Eine Muffinform leicht einfetten oder mit 12 Papierbackförmchen auslegen.

Mehl und Backpulver in eine große Schüssel sieben. Leinsamenmehl, Kokosraspeln und Zucker untermischen.

Die Kardamomkapseln zerstoßen und die Samen herauslösen. Die Kapseln wegwerfen und die Samen in einem Mörser oder mit einem Teigroller fein zerstoßen und zu den Trockenzutaten in die Schüssel geben.

Sojamilch und Öl in einer kleinen Schüssel verquirlen und zusammen mit den Mangostücken in die Mehlmischung geben. Alles zu einem Teig vermischen.

Den Teig auf die Förmchen verteilen. Mit den Kokosraspeln bestreuen und 25–30 Minuten im vorgeheizten Ofen backen. Zur Probe einen Holzspieß in die Mitte eines Muffins stechen und wieder herausziehen. Die Muffins sind gar, wenn keine Teigreste mehr am Spieß haften. Aus dem Ofen nehmen, 5 Minuten abkühlen lassen und aus der Form lösen. An einem kühlen Ort oder auch im Kühlschrank sind die Muffins 2–3 Tage haltbar.

Cashew-Karamell-Popcorn

Für Zwischendurch

Zutaten für 2 Personen

- 40 g vegane Margarine
- 40 g brauner Zucker
- 1 EL heller Zuckerrübensirup
- 70 g Cashewkerne
- 50 g Popcornmais
- 1 EL Pflanzenöl

So geht's

Margarine, Zucker und Sirup in einem Topf auf mittlerer Stufe erhitzen. Dann auf hoher Stufe unter ständigem Rühren 2 Minuten kochen. Vom Herd nehmen und bis zur Weiterverarbeitung beiseitestellen.

Die Cashewkerne in einer Pfanne auf mittlerer Stufe 3–4 Minuten unter häufigem Rühren rösten, bis sie eine goldbraune Farbe angenommen haben. Vom Herd nehmen und auf einen Teller geben.

Die Maiskörner in einem Topf gut im Öl wenden. Den Deckel aufsetzen und den Mais auf mittlerer Stufe erhitzen. Wenn die Körner anfangen aufzupoppen, die Hitze reduzieren. Gelegentlich am Topf rütteln, dabei den Deckel gut festhalten. Das Popcorn ist fertig, wenn das Aufpoppen der Körner immer langsamer wird. Den Topf vom Herd nehmen und erst dann den Deckel abnehmen, wenn das Aufpoppen beendet ist.

Die gerösteten Cashewkerne zum warmen Popcorn geben. Mit der Karamellsauce übergießen und alles gut vermengen. Das Popcorn auf einem mit Backpapier ausgelegten Backblech verteilen, trocknen lassen und erst servieren, wenn es abgekühlt ist.

Mandel-Cupcakes

Für Zwischendurch

Zutaten für 12 Stück

- vegane Margarine, zum Einfetten
- 5 EL Rapsöl
- 4 EL Sojajoghurt
- 160 ml Sojamilch
- 160 g Zucker

- einige Tropfen Bittermandelaroma
- 40 g gemahlene Mandeln
- 160 g Mehl
- 1½ TL Backpulver
- ½ TL Salz

Guss
- 60 g vegane weiße Schokolade
- 100 g Puderzucker
- 1½ EL Sojamilch
- geröstete Mandelsplitter, zum Dekorieren

So geht's

Den Backofen auf 180 °C vorheizen. Eine kleine Muffinform leicht einfetten oder mit Papierbackförmchen auslegen.

Öl, Joghurt, Milch, Zucker, Bittermandelaroma und gemahlene Mandeln in eine große Rührschüssel geben. Mehl, Backpulver und Salz hineinsieben und alles mit einem elektrischen Handrührgerät gut verrühren.

Den Teig auf die vorbereiteten Förmchen verteilen und 20–25 Minuten im vorgeheizten Ofen backen, bis die Muffins aufgegangen und goldgelb sind. Auf einem Kuchengitter völlig auskühlen lassen, dann erst den Guss auftragen.

Für den Guss die Schokolade in einer hitzebeständigen Schüssel über einem Wasserbad schmelzen. Vom Herd nehmen und leicht abkühlen lassen. Puderzucker und Sojamilch unterrühren. Den Guss mit einem Teelöffel auf den Cupcakes verteilen, dann mit den gerösteten Mandelsplittern bestreuen.

Nussige Brownies

Für Zwischendurch

Zutaten für 9 Stück

- 2 EL Leinsamenmehl
- 250 g Mehl
- ¼ TL Natron
- 60 g Kakaopulver
- 300 g brauner Zucker

- 50 g vegane Bitterschokolade
- einige Tropfen Vanillearoma

- 100 g vegane Margarine, zerlassen, plus etwas mehr zum Einfetten
- 50 g Macadamianüsse, grob gehackt

So geht's

Den Backofen auf 180 °C vorheizen. Eine quadratische Backform (20 cm Seitenlänge) einfetten und mit Backpapier auslegen.

Das Leinsamenmehl mit 3 Esslöffeln Wasser verrühren und 10 Minuten quellen lassen.

Mehl, Natron und Kakao in eine große Rührschüssel sieben. Den Zucker hinzufügen und gut untermengen.

Die Schokolade in kleine Stücke brechen und in einer kleinen Schale mit 4 Esslöffeln kochendem Wasser verrühren, um die Schokolade zu schmelzen.

Leinsamenpaste, geschmolzene Schokolade, Vanillearoma, zerlassene Margarine und gehackte Nüsse zu den trockenen Zutaten geben. Alles mit den Händen zu einem weichen Teig verarbeiten. Den Teig in die Form geben und glatt streichen.

30 Minuten im Ofen backen, bis der Teig am Rand schon knusprig, in der Mitte aber noch weich ist. Den Kuchen mit dem Backpapier behutsam aus der Form lösen und 10 Minuten auf einem Kuchengitter abkühlen lassen. Das Backpapier vorsichtig abziehen und den Kuchen in 9 Quadrate schneiden. Vor dem Servieren vollständig auskühlen lassen. In einem dicht schließenden Behälter sind die Brownies bis zu 5 Tage haltbar.

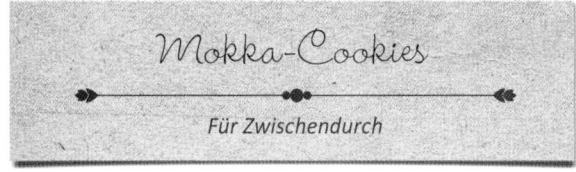

Zutaten für 14 Stück

- 120 g Mehl
- ¼ TL Backpulver
- 20 g Kakaopulver
- 130 g brauner Zucker
- 1 EL Espresso-Instant-pulver
- 130 g vegane Margarine
- 50 g feine Haferflocken

So geht's

Den Backofen auf 180 °C vorheizen. Ein Backblech mit Backpapier auslegen.

Mehl, Backpulver und Kakao in eine große Rührschüssel sieben. Den Zucker hinzufügen und gut untermengen.

Das Espressopulver in 1 Esslöffel kochendem Wasser auflösen und ebenfalls unterrühren. Margarine und Haferflocken hinzufügen und alles zu einem weichen Teig verarbeiten.

Den Teig zu 14 kleinen Kugeln formen, auf das vorbereitete Backblech geben und ein wenig flach drücken. Ausreichend Abstand zwischen den Cookies lassen, da sie während des Backens auseinanderlaufen. 15 Minuten im vorgeheizten Ofen knusprig backen. Mit einem Paletten-messer auf ein Kuchengitter heben. Vor dem Servieren vollständig auskühlen lassen. In einem dicht schließenden Behälter sind sie bis zu 5 Tage haltbar.

Mittagspause

Thai-Suppe mit Vermicelli

Mittagspause

Zutaten für 4 Personen

- 15 g getrocknete Shiitake-Pilze
- 1,2 l vegane Brühe
- 1 EL Erdnussöl
- 4 Frühlingszwiebeln, in Ringe geschnitten
- 120 g Babymaiskolben, in Scheiben geschnitten
- 2 Knoblauchzehen, zerdrückt
- 2 frische Kaffir-Limetten-blätter, gehackt
- 2 EL vegane rote Thai-Currypaste
- 100 g Reis-Vermicelli
- 1 EL helle Sojasauce
- 2 EL frisch gehackter Koriander, zum Garnieren

So geht's

Die Pilze in einer Schüssel mit der Brühe bedecken und 20 Minuten einweichen lassen.

Das Erdnussöl in einem Topf auf mittlerer Stufe erhitzen. Frühlings-zwiebeln, Mais, Knoblauch und Limettenblätter darin 3 Minuten weich dünsten.

Die Currypaste und die eingeweichten Pilze samt dem Einweichwasser hinzugeben und zum Kochen bringen. Dann auf niedriger Stufe 5 Minu-ten unter gelegentlichem Rühren köcheln.

Vermicelli und Sojasauce unterrühren, erneut aufkochen und auf nied-riger Stufe weitere 4 Minuten köcheln, bis die Nudeln al dente sind. Die Suppe auf vorgewärmte Suppenschalen verteilen, mit dem gehackten Koriander garnieren und sofort servieren.

Pikante Zucchini-Reis-Suppe

Mittagspause

Zutaten für 4 Personen

- 2 EL Pflanzenöl
- 4 Knoblauchzehen, in dünne Scheiben geschnitten
- 1 EL mildes rotes Chilipulver (oder nach Geschmack)
- ¼–½ TL gemahlener Kreuzkümmel
- 1,5 l vegane Brühe
- 2 Zucchini, in mundgerechte Stücke geschnitten
- 4 EL Langkornreis
- Salz und Pfeffer
- frische Oreganozweige, zum Garnieren
- Limettenspalten, zum Garnieren

So geht's

Das Öl in einem Topf auf mittlerer Stufe erhitzen. Den Knoblauch darin 2 Minuten weich dünsten. Chilipulver und Kreuzkümmel hinzufügen und auf mittlerer bis niedriger Stufe 1 Minute anrösten.

Brühe, Zucchini und Reis hinzugeben und auf mittlerer bis hoher Stufe 10–15 Minuten kochen, bis die Zucchini soeben gar und der Reis weich ist. Mit Salz und Pfeffer nach Geschmack würzen.

Die Suppe auf vorgewärmte Suppenschalen verteilen, mit Oreganozweigen und Limettenspalten garnieren und sofort servieren.

Süßkartoffelsuppe

Mittagspause

Zutaten für 6 Personen

- 2 TL Pflanzenöl
- 1 Zwiebel, gewürfelt
- 1 EL frisch gehackte Ingwerwurzel
- 1 EL vegane rote Thai-Currypaste

- 1 TL Salz
- 650 g Süßkartoffeln, gewürfelt
- 400 ml fettarme Kokosmilch aus der Dose
- 1 l vegane Brühe

- Saft von 1 Limette
- 30 g frisch gehackter Koriander, zum Garnieren

So geht's

Das Öl auf mittlerer bis hoher Stufe in einem großen, schweren Topf erhitzen. Zwiebel und Ingwer darin etwa 5 Minuten unter Rühren weich dünsten. Currypaste und Salz hinzufügen und unter Rühren noch 1 Minute dünsten. Süßkartoffeln, Kokosmilch und Brühe hineingeben, einmal aufkochen und auf mittlerer Stufe ohne Deckel etwa 20 Minuten köcheln, bis die Süßkartoffeln gar sind.

Die Suppe portionsweise in einer Küchenmaschine oder einem Mixer pürieren. Alternativ im Topf mit einem Stabmixer verarbeiten. Die Suppe zurück in den Topf füllen und zum Köcheln bringen. Kurz vor dem Servieren den Limettensaft unterrühren. Heiß und mit dem Koriander garniert servieren.

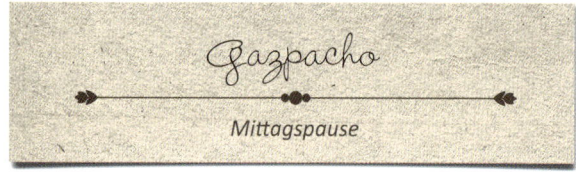

Gazpacho

Mittagspause

Zutaten für 6 Personen

- 600 g frische reife Tomaten
- 10 sonnengetrocknete Tomaten in Öl
- ½ rote Zwiebel, gehackt
- 2 Knoblauchzehen
- 1 große Handvoll frische Basilikumblätter

- 2 EL Olivenöl
- 1 TL vegane gekörnte Brühe
- 2 EL Rotweinessig
- Salz und Pfeffer
- 1 rote Paprika, entkernt und fein gehackt

- 1 Salatgurke, geschält und fein gehackt
- 150 g Eiswürfel

So geht's

Frische Tomaten, sonnengetrocknete Tomaten, Zwiebel, Knoblauch, Basilikum, Olivenöl, gekörnte Brühe und Essig in einer Küchenmaschine oder einem Mixer fein pürieren. Mit Salz und Pfeffer nach Geschmack würzen.

Die Suppe in eine Schüssel füllen und mit roter Paprika, Gurke und Eiswürfeln vermengen. Im Kühlschrank vollständig durchkühlen lassen, dann gut umrühren, nochmals abschmecken und in kleinen Schalen servieren.

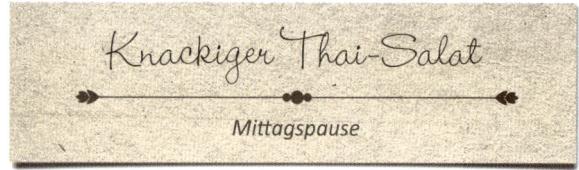

Knackiger Thai-Salat

Mittagspause

Zutaten für 4 Personen

- 1 unreife Mango
- 5 Romanasalatblätter, in Stücke gezupft
- 100 g Bohnensprossen
- 1 Handvoll frisch gehackter Koriander
- 25 g geröstete ungesalzene Erdnüsse, grob gehackt

Dressing
- Saft von 1 Limette
- 2 EL helle Sojasauce
- 1 TL Rohrzucker
- 1 Schalotte, in sehr feine Ringe geschnitten
- 1 Knoblauchzehe, fein gehackt

- 1 roter Chili, entkernt und sehr fein gehackt
- 1 EL frisch gehackte Minze

So geht's

Für das Dressing Limettensaft, Sojasauce und Zucker in einer Schüssel verquirlen. Dann Schalotte, Knoblauch, Chili und Minze unterrühren.

Die Mango schälen. Das Fruchtfleisch rund um den Stein abschneiden und in Streifen schneiden.

Salat, Bohnensprossen, Koriander und Mango in eine Salatschüssel geben. Alles sanft vermengen. Mit dem Dressing übergießen, mit den Erdnüssen bestreuen und sofort servieren.

Glasierter Tofu auf Salat

Mittagspause

Zutaten für 4 Personen

- 400 g fester Tofu
- 1 EL Olivenöl
- 125 ml Ananassaft
- 125 ml Ahornsirup
- 1 EL Sojasauce
- 2 EL körniger Senf
- gemischter grüner Salat, zum Servieren

So geht's

Den Tofu abtropfen lassen und mit Küchenpapier so viel Flüssigkeit wie möglich auspressen. Den Tofu in 8 etwa 1 cm dicke Scheiben schneiden.

Das Öl in einer großen, schweren Pfanne auf mittlerer Stufe erhitzen. Den Tofu darin beidseitig 5–8 Minuten goldgelb braten, dabei vorsichtig wenden.

Währenddessen Ananassaft, Ahornsirup, Sojasauce und Senf in einer Schüssel verrühren. Über den Tofu gießen und auf niedriger Stufe 20 Minuten braten, den Tofu dabei einmal wenden.

Die Tofuscheiben warm oder kalt auf einem Bett aus gemischtem grünem Salat servieren.

Kichererbsen-Quinoa-Salat

Mittagspause

Zutaten für 4 Personen

- 50 g rote Quinoa
- 1 frischer roter Chili, entkernt und fein gehackt
- 8 Frühlingszwiebeln, gehackt
- 3 EL fein gehackte frische Minze
- 2 EL Olivenöl
- 2 EL frisch gepresster Zitronensaft
- 30 g Kichererbsenmehl
- 1 TL gemahlener Kreuzkümmel
- ½ TL Paprikapulver edelsüß
- 1 EL Pflanzenöl
- 150 g Kichererbsen aus der Dose, abgespült und abgetropft

So geht's

Die Quinoa in einem Topf mit kochendem Wasser bedecken. Auf niedriger Stufe 10 Minuten köcheln, bis sie soeben gar ist. Abgießen, abschrecken und abtropfen lassen und mit rotem Chili, Frühlingszwiebeln und Minze in einer großen Schüssel gut vermengen.

Olivenöl und Zitronensaft in einer kleinen Schale mit einer Gabel verquirlen.

Kichererbsenmehl, Kreuzkümmel und Paprikapulver in eine breite, tiefe Schüssel sieben. Das Öl in einer Pfanne auf mittlerer Stufe erhitzen. Die Kichererbsen im Würzmehl wenden und dann portionsweise in der Pfanne unter häufigem Rühren 2–3 Minuten anbräunen.

Die warmen Kichererbsen unter die Quinoamischung heben und das Dressing dazugeben. Warm oder leicht gekühlt servieren.

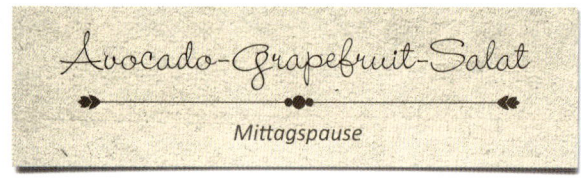

Avocado-Grapefruit-Salat

Mittagspause

Zutaten für 2 Personen

- 1 rotfleischige Grapefruit, filetiert
- 2 Avocados, in Scheiben geschnitten
- ½ rote Zwiebel, in dünne Ringe geschnitten

- 50 g gemischte Salatblätter

Dressing
- 4 getrocknete Datteln, fein gehackt
- 1 EL Olivenöl

- 1 EL Walnussöl
- 1 EL Weißweinessig

So geht's

Für das Dressing Datteln, Olivenöl, Walnussöl und Essig in einem kleinen Gefäß mit einer Gabel verquirlen.

Grapefruitfilets, Avocadoscheiben und Zwiebelringe in einer großen Salatschüssel mit den frischen grünen Salatblättern mischen. Mit dem Dressing übergießen und alles gut vermengen. Sofort servieren.

Bohnen-Wildreis-Salat

Mittagspause

Zutaten für 6 Personen

- 175 g Wildreis
- 200 g Kidneybohnen aus der Dose, abgespült und abgetropft
- 200 g Flageoletbohnen aus der Dose, abgespült und abgetropft
- 200 g weiße Bohnen aus der Dose, abgespült und abgetropft
- 1 rote Zwiebel, in dünne Ringe geschnitten
- 4 Frühlingszwiebeln, fein gehackt
- 1 Knoblauchzehe, zerdrückt

Dressing
- 4 EL Olivenöl
- 2 EL veganer Balsamico-Essig
- 1 TL getrockneter Oregano

So geht's

Den Reis in einem großen Topf mit Wasser bedecken und zum Kochen bringen. Dann auf niedriger Stufe 45 Minuten oder nach Packungsanweisung garen, bis der Reis aufzuplatzen beginnt. Den Reis abgießen und abtropfen lassen.

Für das Dressing alle Zutaten in einer kleinen Schüssel mit einer Gabel verquirlen.

Alle Bohnen sowie Zwiebel, Frühlingszwiebeln und Knoblauch in eine große Salatschüssel füllen. Den gekochten Reis hinzufügen und mit dem Dressing übergießen. Die Zutaten gründlich vermengen und gekühlt servieren.

Couscous mit Rösttomaten

Mittagspause

Zutaten für 6 Personen

- 300 g Kirschtomaten
- 3 EL Olivenöl
- 125 g Couscous
- 200 ml kochendes Wasser
- 30 g Pinienkerne, geröstet
- 5 EL grob gehackte frische Minze
- fein abgeriebene Schale von 1 Zitrone
- ½ EL Zitronensaft
- Salz und Pfeffer

So geht's

Den Backofen auf 220 °C vorheizen. Die Tomaten in eine Auflaufform geben und in 1 Esslöffel des Öls wenden. Dann 7–8 Minuten im Ofen backen, bis sie aufplatzen und weich sind. 5 Minuten abkühlen lassen.

Den Couscous in eine hitzebeständige Schüssel geben. Mit dem kochenden Wasser übergießen. 8–10 Minuten aufquellen lassen, bis die ganze Flüssigkeit aufgesogen ist. Alles gut mit einer Gabel durchrühren.

Tomaten samt Sud, Pinienkerne, Minze, Zitronenschale, Zitronensaft und restliches Öl zum Couscous geben. Mit Salz und Pfeffer würzen und behutsam vermengen. Warm oder kalt servieren.

Ciabatta mit Walnusspaste

Mittagspause

Zutaten für 4 Personen

Walnusspaste

- 125 g fein gehackte Walnüsse
- 125 g frische dunkle vegane Semmelbrösel
- 1 kleine rote Zwiebel, gehackt
- 1 EL frisch gehackter Estragon
- 1 EL frisch gehackter Schnittlauch
- 1 EL Tomatenmark
- 1 TL Sojasauce
- 1 EL veganer Rotweinessig (nach Belieben)
- 2 TL Walnussöl, nach Bedarf etwas mehr
- Salz und Pfeffer
- veganes Ciabattabrot in Scheiben oder Cracker, zum Servieren

So geht's

Alle Zutaten für den Aufstrich in einer Schüssel gut vermengen. Mit Salz und Pfeffer nach Geschmack würzen und in einer Küchenmaschine zu einer feinen Paste verarbeiten. Wenn die Masse zu trocken ist, ein wenig mehr Öl oder Rotwein hinzufügen.

Die Paste auf vier kleine Schälchen verteilen und vor dem Servieren in den Kühlschrank stellen. Mit Ciabattascheiben oder Crackern servieren.

Champignon-Panini mit Pesto

Mittagspause

Zutaten für 2 Personen

- 25 g vegane Margarine
- 200 g kleine weiße Champignons, in Scheiben geschnitten
- 1 Zwiebel, in Ringe geschnitten
- 1 Handvoll frisch gehackte glatte Petersilie

- Salz und Pfeffer
- 1 veganes Ciabattabrot
- Olivenöl, zum Bestreichen

Pesto
- 55 g Cashewkerne
- 35 g frische Basilikumblätter

- 2 Knoblauchzehen, zerdrückt
- 4 EL Sonnenblumenöl oder Hanföl
- Salz und Pfeffer

So geht's

Für den Pesto die Cashewkerne in einer Pfanne ohne Fett rösten, bis sie beginnen, Farbe anzunehmen.

Cashewkerne, Basilikum, Knoblauch und Öl sowie Salz und Pfeffer nach Geschmack in einer Küchenmaschine zu einer groben Paste verarbeiten. Alternativ Nüsse und Basilikum fein hacken und mit den restlichen Zutaten in einem Mörser fein zerstoßen.

Die Margarine in einer Pfanne auf niedriger Stufe zerlassen und Pilze, Zwiebel und Petersilie darin 5 Minuten dünsten, bis die Zwiebel weich ist. Mit Salz und Pfeffer nach Geschmack würzen.

Das Brot längs aufschneiden, dann jede Hälfte quer halbieren. Die Oberseiten der Brotstücke mit Olivenöl bestreichen.

Die Brote mit dem Pesto bestreichen. Die warme Pilzmischung auf die zwei unteren Brotscheiben verteilen, dann die oberen Brotscheiben aufsetzen.

Eine Grillpfanne ohne Fett vorheizen und die Panini darin 2–3 Minuten auf jeder Seite grillen. Dabei gut andrücken, damit die typischen Grillstreifen entstehen.

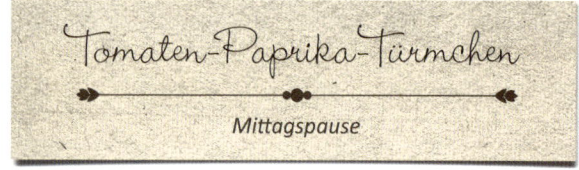

Tomaten-Paprika-Türmchen

Mittagspause

Zutaten für 4 Personen

- 1 TL Olivenöl
- 2 Schalotten, fein gehackt
- 2 Knoblauchzehen, zerdrückt
- Salz und Pfeffer

- 2 rote Paprika, gehäutet, entkernt und in Streifen geschnitten
- 1 orangefarbene Paprika, gehäutet, entkernt und in Streifen geschnitten

- 4 Tomaten, in dünne Scheiben geschnitten
- 2 EL frisch gehackte Basilikumblätter, plus etwas mehr zum Garnieren

So geht's

Vier Ramequin-Formen leicht mit dem Öl einfetten. Schalotten und Knoblauch in einer Schüssel mischen und mit Salz und Pfeffer nach Geschmack würzen.

Rote und orangefarbene Paprikastreifen und Tomatenscheiben abwechselnd in die Formen schichten und jede Schicht mit der Schalottenmischung und dem Basilikum bestreuen. Die fertigen Türmchen locker mit Frischhaltefolie oder Backpapier abdecken und mit Gewichten beschweren. Mindestens 6 Stunden oder besser über Nacht in den Kühlschrank stellen.

Zum Servieren die Türmchen vorsichtig mit einem Messer vom Formrand lösen. Dann auf Servierteller stürzen und mit Basilikumblättern garniert servieren.

Zutaten für 6 Personen

- 1 EL Olivenöl
- 1 Zwiebel, fein gehackt
- 1 Karotte, fein gewürfelt
- 1 Porreestange, fein gehackt
- 2 Knoblauchzehen, fein gehackt
- 1 TL getrockneter Thymian
- 1 EL Mehl
- 1,5 l vegane Brühe
- 200 g Süßkartoffeln, fein gehackt
- 500 g Maiskörner, Tiefkühlware
- Salz und Pfeffer

So geht's

Das Öl in einer großen Pfanne auf mittlerer bis hoher Stufe erhitzen. Zwiebel, Karotte, Porree, Knoblauch und Thymian darin 5–8 Minuten dünsten, bis die Zwiebel glasig und weich geworden ist.

Das Mehl hinzufügen und 1 Minute anschwitzen, dann die Brühe unter kräftigem Rühren eingießen.

Die Süßkartoffeln hineingeben, alles einmal aufkochen und dann auf niedriger Stufe 20 Minuten unter Rühren köcheln, bis die Süßkartoffeln gar sind.

Den Mais hinzufügen und weitere 5 Minuten köcheln.

500 ml des Eintopfs in einer Küchenmaschine oder einem Mixer fein pürieren, dann zurück in den Topf geben. Gut umrühren und mit Salz und Pfeffer nach Geschmack würzen. Die Suppe nochmals erhitzen und sofort servieren.

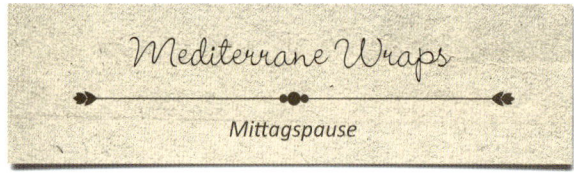

Mediterrane Wraps

Mittagspause

Zutaten für 4 Personen

- 1 kleine Zucchini, in dicke Scheiben geschnitten
- 1 rote oder gelbe Paprika, entkernt und grob gehackt
- 1 EL Olivenöl
- 4 weiche vegane Wraps
- 6 EL Paste aus sonnengetrockneten Tomaten

- 85 g frischer Babyspinat
- 4 Artischockenherzen in Öl, abgetropft und geviertelt
- 8 sonnengetrocknete Tomaten in Öl, geviertelt
- 16 schwarze Oliven, entsteint und halbiert

- 1 Handvoll frische Basilikumblätter, grob zerzupft

So geht's

Den Backofen auf 190 °C vorheizen. Zucchini und Paprika auf ein Backblech geben, mit dem Öl beträufeln und darin wenden. 20 Minuten im vorgeheizten Ofen rösten, bis das Gemüse gar ist und zu bräunen beginnt.

Jedes Fladenbrot mit einer dünnen Schicht Tomatenpaste bestreichen. Den Spinat in Streifen schneiden und auf die Brote verteilen.

Das Röstgemüse mit Artischockenherzen, getrockneten Tomaten, Oliven und Basilikum in einer großen Schüssel mischen. Die Mischung auf die Wraps geben und gleichmäßig auf dem Spinat verteilen. Die Wraps aufrollen, halbieren und sofort servieren.

Baguette mit Tofu & Gemüse

Mittagspause

Zutaten für 2–4 Personen

- 1 kleine Zucchini, in Scheiben geschnitten
- 1 rote oder gelbe Paprika, entkernt und in Streifen geschnitten
- 1 rote Zwiebel, in 8 Spalten geschnitten
- 2 EL Olivenöl
- 1 veganes Baguette

- 1 Handvoll frisch gehacktes Basilikum
- 1 Handvoll frisch gehackter Rucola
- 70 g geräucherter Tofu, in Scheiben geschnitten
- 70 g Tomate, in Scheiben geschnitten
- 1 EL veganer Balsamico-Essig

Tapenade
- 12 schwarze Oliven, entsteint und grob gehackt
- 1 Knoblauchzehe
- 1 EL Zitronensaft
- Salz und Pfeffer

So geht's

Den Backofen auf 190 °C vorheizen. Zucchini, Paprika und rote Zwiebel auf einem Backblech verteilen, mit dem Olivenöl beträufeln und vermengen, bis das Gemüse mit Öl überzogen ist. 25 Minuten im vorgeheizten Ofen rösten, bis es gar ist und zu bräunen beginnt.

Für die Tapenade Oliven, Knoblauch und Zitronensaft in einer Küchenmaschine zu einer groben Paste verarbeiten. Mit Salz und Pfeffer nach Geschmack würzen.

Das Baguette längs aufschneiden und die Schnittseite der Oberseite mit der Hälfte der Tapenade bestreichen.

Die Schnittseite der Unterseite mit Röstgemüse mitsamt dem Öl sowie mit Basilikum und Rucola belegen. Dann Tofu und Tomate hinzufügen und schließlich mit dem Balsamico beträufeln. Die Oberseite mit der Tapenade aufsetzen, gut andrücken und die Füllung zusammenpressen.

Das Baguette sehr eng mit Frischhaltefolie umwickeln und vor dem Servieren mindestens 1 Stunde in den Kühlschrank stellen. Dann mit einem Messer in Stücke schneiden.

Lunchtime-Burger

Mittagspause

Zutaten für 4 Personen

- 1 EL Sonnenblumenöl, plus etwas mehr zum Bestreichen
- 1 Zwiebel, fein gehackt
- 1 Knoblauchzehe, fein gehackt
- 1 TL gemahlener Koriander
- 1 TL gemahlener Kreuzkümmel
- 120 g weiße Champignons, fein gehackt
- 420 g Borlotti- oder Kidneybohnen aus der Dose, abgespült und abgetropft
- 2 EL frisch gehackte Petersilie
- Salz und Pfeffer
- Mehl, zum Bestäuben
- vegane Hamburgerbrötchen und Salatblätter, zum Servieren

So geht's

Das Öl in einer Pfanne auf mittlerer Stufe erhitzen. Die Zwiebel darin 5 Minuten unter Rühren weich dünsten. Knoblauch, Koriander und Kreuzkümmel hinzufügen und unter Rühren 1 Minute anrösten. Dann die Pilze hinzufügen und 4–5 Minuten braten, bis die gesamte Flüssigkeit verdampft ist. In eine Schüssel geben.

Die Bohnen in einer Schüssel mit einer Gabel zerdrücken. Mit der Petersilie zu den Pilzen geben, mit Salz und Pfeffer nach Geschmack würzen und umrühren.

Den Backofengrill vorheizen. Die Masse vierteln, leicht mit Mehl bestäuben und zu flachen, runden Burgern formen. Mit Öl bestreichen und unter dem vorgeheizten Backofengrill 4–5 Minuten auf jeder Seite grillen. Mit Salatblättern in Hamburgerbrötchen servieren.

Thai-Tofu-Bratlinge mit Dip

Mittagspause

Zutaten für 4 Personen

- 300 g fester Tofu (Abtropfgewicht), grob gehackt
- 1 Stängel Zitronengras, grob gehackt
- 2 Knoblauchzehen, gehackt
- 2,5-cm-Stück frische Ingwerwurzel, geschält und gerieben
- 2 Kaffir-Limettenblätter (oder nach Geschmack), fein gehackt

- 2 Schalotten, fein gehackt
- 2 frische rote Chilis, entkernt und fein gehackt
- 4 EL frisch gehackter Koriander
- 100 g Mehl, plus etwas mehr zum Bestäuben
- ½ TL Salz
- Maiskeimöl, zum Braten

Dip
- 3 EL Essigessenz
- 2 Frühlingszwiebeln, in feine Ringe geschnitten
- 1 EL Zucker
- 2 frische rote Chilis, entkernt und gehackt
- 2 EL frisch gehackter Koriander
- 1 Prise Salz

So geht's

Für den Dip alle Zutaten in einer Schale verrühren und beiseitestellen.

Tofu, Zitronengras, Knoblauch, Ingwer, Limettenblätter nach Geschmack, Schalotten, Chilis und Koriander in einer Schüssel vermengen. Mehl und Salz hinzufügen und zu einer klebrigen Masse verarbeiten. Dann abgedeckt 1 Stunde im Kühlschrank fest werden lassen.

Die Masse mit bemehlten Händen zu 8 walnussgroßen Kugeln formen und flach drücken. Den Boden einer Pfanne mit Öl bedecken und auf mittlerer Stufe erhitzen. Die Bratlinge darin in 2 Portionen 4–6 Minuten goldbraun braten, dabei einmal wenden. Auf Küchenpapier abtropfen lassen und warm mit dem Dip servieren.

Variation

Für einen milderen Dip die Chilis weglassen und mit chinesischem Fünf-Gewürze-Pulver würzen.

Gemüse-Sushi leicht gemacht

Mittagspause

Zutaten für 4–6 Personen

- 200 g Sushireis
- 2–3 EL japanischer Reisessig
- 1 TL Salz
- 1 TL Zucker
- 1 EL Mirin (süßer japanischer Reiswein)
- 7 geröstete Noriblätter

- ½ Gurke, in Stifte geschnitten
- 1 rote Paprika, entkernt und in Stifte geschnitten
- 1 Avocado, in Stifte geschnitten
- 4 Frühlingszwiebeln, längs halbiert

- Sojasauce, Wasabi und eingelegter Ingwer, zum Servieren (nach Belieben)

So geht's

Den Reis in einem Topf mit 375 ml Wasser bedecken. Zum Kochen bringen, dann auf niedrigster Stufe abgedeckt 20 Minuten köcheln, bis das Wasser aufgesogen ist. Inzwischen Essig, Salz, Zucker und Mirin in einem Topf erhitzen, bis Salz und Zucker aufgelöst sind, dann abkühlen lassen. Den fertigen Reis in eine Schüssel füllen und die Essigmischung vorsichtig unterrühren.

Wenn der Reis kalt ist, 1 geröstetes Noriblatt mit der glänzenden Seite nach unten auf eine Bambusmatte legen und darauf eine dünne Schicht Reis verteilen. Dabei am oberen Ende einen Rand von 1 cm frei lassen. Einen Streifen mit verschiedenen Gemüsestücken, der parallel zu den Stäben der Bambusmatte verläuft, ans untere Ende des Noriblatts legen.

Nun mithilfe der Bambusmatte das Nori behutsam und so eng wie möglich nach oben aufrollen. Den oberen Rand des Blattes mit etwas Wasser befeuchten, damit die Nahtstelle gut schließt. Ebenso mit den restlichen Zutaten verfahren. In Frischhaltefolie einwickeln und bis zur Verwendung in den Kühlschrank stellen.

Zum Servieren jede Rolle in etwa 2,5 cm lange Stücke schneiden. Nach Belieben mit Sojasauce, Wasabi und eingelegtem Ingwer servieren.

Maisbrot mit Bratkartoffeln

Mittagspause

Zutaten für 6 Personen

Maisbrot
- 500 ml Sojamilch
- 2 EL Apfelessig
- 320 g Maismehl
- 140 g Mehl
- 2 TL Backpulver
- ½ TL Salz
- 80 ml Rapsöl
- 2 EL Ahornsirup

Bratkartoffeln
- 500 g Kartoffeln, klein geschnitten
- 2 EL Olivenöl, plus etwas mehr zum Einfetten
- 1 große Zwiebel, in Ringe geschnitten
- 1 TL getrockneter Thymian
- ¼ TL gemahlene Kurkuma
- ¼ TL geräuchertes Paprikapulver (Pimentón)
- ¼ TL Salz
- Chiliöl, zum Servieren

So geht's

Den Backofen auf 180 °C vorheizen. Eine runde Springform (20 cm Ø) einfetten.

Für das Maisbrot Sojamilch und Essig in einer Schüssel verquirlen. 5 Minuten ziehen lassen. Maismehl, Mehl, Backpulver und Salz in eine große Schüssel sieben.

Öl und Ahornsirup unter die Milchmischung rühren, dann zu den trockenen Zutaten geben. Gut verrühren und den Teig in die vorbereitete Form füllen. 25–30 Minuten im Ofen hellgoldgelb backen.

In der Zwischenzeit für die Bratkartoffeln die Kartoffelstücke in einen Topf mit Wasser geben und auf hoher Stufe 10–15 Minuten gar kochen. Dann abgießen. Das Öl in einer Pfanne erhitzen und die Kartoffeln mit Zwiebelringen, Thymian, Gewürzen und Salz 8–10 Minuten goldgelb braten.

Das Maisbrot aus dem Ofen nehmen und 5 Minuten abkühlen lassen. Herauslösen, in Scheiben schneiden und mit den Kartoffeln auf einen Servierteller geben. Vor dem Servieren mit Chiliöl beträufeln.

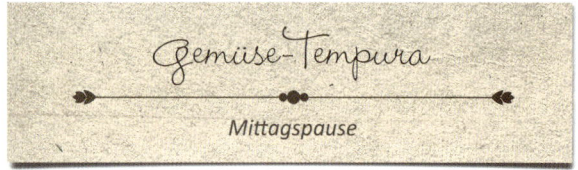

Gemüse-Tempura

Mittagspause

Zutaten für 6 Personen

- 1,5 l Pflanzenöl,
  zum Frittieren
- 600 g frisches Gemüse der
  Saison, in große Stücke
  geschnitten (z. B. Paprika,
  Zuckererbsen, Spargel,
  Brokkoli, Auberginen
  und Zucchini)
- 1 EL heller Zuckerrübensirup oder Ahornsirup,
  zum Servieren
- 1 TL Paprikapulver edelsüß,
  zum Servieren

Tempura-Teig
- 250 g Mehl
- 250 g Speisestärke
- 300 ml Sodawasser
- 300 ml Ginger Ale
  oder Ingwerbier

So geht's

Den Backofen auf 160 °C vorheizen.

Für den Teig Mehl und Speisestärke in eine Schüssel füllen. Langsam
Sodawasser und Ginger Ale eingießen und kräftig rühren, bis ein weicher
Teig entstanden ist. Ist der Teig klumpig, weiterrühren, bis die Klumpen
vollständig aufgelöst sind.

Das Öl in einem Topf oder Wok auf hoher Stufe erhitzen. Das Öl ist heiß
genug, wenn Sie einen Tropfen Teig hineingeben und dieser rasch zurück
an die Oberfläche steigt und im Öl zischt. Jedes Gemüsestück einzeln in
den Teig tauchen, überschüssigen Teig abschütteln und etwa 5 Minuten
frittieren, bis es knusprig ist und leicht anbräunt. In mehreren Portionen
frittieren und auf Küchenpapier abtropfen lassen. Fertige Stücke auf
einer hitzebeständigen Platte im Ofen warm halten, bis alles frittiert ist.
Während des Frittierens immer wieder Teigreste aus dem Öl schöpfen,
da sie sonst verbrennen und das Öl verderben.

Das Tempura-Gemüse auf einen großen Servierteller geben, mit dem
Sirup beträufeln und mit dem Paprikapulver bestäuben.

Gefüllte Kartoffeln

Mittagspause

Zutaten für 2 Personen

- Pflanzenöl, zum Einfetten
- 2 gleich große Back-kartoffeln
- Olivenöl, zum Bestreichen und Braten
- 3 dünn geschnittene Scheiben Räuchertofu
- 1 EL frisch gehackte gemischte Kräuter, z. B. Salbei, Petersilie, Oregano
- Salz und Pfeffer
- 10 g vegane Margarine

So geht's

Den Backofen auf 190 °C vorheizen. Ein Backblech leicht einfetten.

Die Kartoffeln in Mikrowellen-Frischhaltefolie einwickeln. 6–10 Minuten in der Mikrowelle garen. Die Kartoffeln abkühlen lassen, halbieren und sehr vorsichtig aushöhlen. Dabei einen Rand von etwa 1 cm stehen lassen. Das Innere der Kartoffeln in eine Schüssel geben und beiseitestellen.

Die Schalen der Kartoffeln mit Olivenöl bestreichen und mit der Schnittseite nach unten auf das vorbereitete Backblech legen. 15 Minuten im vorgeheizten Ofen backen, bis sie angebräunt sind. Dann aus dem Ofen nehmen und mit der Schnittseite nach oben auf ein sauberes Backblech geben.

Etwas Olivenöl in einer Pfanne auf mittlerer Stufe erhitzen. Die Tofuscheiben darin 5 Minuten knusprig braten, dann fein hacken oder zerbröckeln. Das beiseitegestellte Kartoffelinnere mit einer Gabel zerdrücken und mit Tofu und gehackten Kräutern verrühren. Mit Salz und Pfeffer nach Geschmack würzen.

Den Backofengrill vorheizen. Die Kartoffelfüllung auf die ausgehöhlten Kartoffeln verteilen und vegane Margarine in Flöckchen darübergeben. 5 Minuten unter dem Backofengrill überbacken, bis die Oberseite goldgelb und knusprig ist. Sofort servieren.

Tacos mit würzigen Bohnen

Mittagspause

Zutaten für 4 Personen

- 2 EL Olivenöl
- 1 Zwiebel, in dünne Ringe geschnitten
- 2 Knoblauchzehen, fein gehackt
- 1 grüne Paprika, entkernt und in Streifen geschnitten
- 2 EL getrocknete Tomatenpaste
- 2 EL Chipotle-Chilipaste (oder andere Chilipaste)
- 800 g schwarze Bohnen aus der Dose, abgespült und abgetropft
- 100 g Tomaten, grob gehackt
- 8 vegane Tacos
- 150 g Eisbergsalat, in Streifen geschnitten
- 1 Avocado, in Scheiben geschnitten

So geht's

Den Backofen auf 180 °C vorheizen.

Das Öl in einer großen Pfanne auf mittlerer bis hoher Stufe erhitzen. Zwiebel, Knoblauch und Paprika darin 5 Minuten dünsten, bis die Zwiebel glasig und weich geworden ist. Tomatenpaste, Chilipaste und schwarze Bohnen hinzufügen und weitere 5 Minuten garen. Die gehackten Tomaten unterrühren und den Topf vom Herd nehmen.

Die Tacos »kopfüber« auf ein Backblech stellen. 3 Minuten im vorgeheizten Ofen erwärmen.

Salat und Avocado in einer kleinen Schüssel mischen, dann auf die Tacos verteilen. Die Bohnenmischung bei Bedarf nochmals erhitzen und auf die erwärmten Tacos verteilen. Sofort servieren.

Wokgemüse mit Ingwer

Mittagspause

Zutaten für 2 Personen

- 2 EL Pflanzenöl
- 1 EL Sesamöl
- 1 grüne Paprika, entkernt und in Stifte geschnitten
- 1 rote Paprika, entkernt und in Stifte geschnitten
- ¼ Weißkohl, entkernt und in dünne Streifen geschnitten
- 1 Karotte, in Stifte geschnitten

- 1 frischer roter Chili, entkernt und fein gehackt
- 6 Frühlingszwiebeln, fein gehackt
- 50 g Sojabohnen
- 50 g Cashewkerne, grob gehackt
- gekochter Reis oder vegane Nudeln, zum Servieren

Sauce

- 1 EL Miso-Paste, in 2 EL kochendem Wasser aufgelöst
- 1 EL Tomatenmark
- 2,5-cm-Stück frische Ingwerwurzel, geschält

So geht's

Für die Sauce aufgelöstes Miso und Tomatenmark in einer Schüssel verrühren. Den Ingwer grob reiben, in eine Knoblauchpresse geben und direkt in die Miso-Masse pressen.

Pflanzen- und Sesamöl in einem Wok auf hoher Stufe erhitzen. Paprika, Kohl, Karotte, Chili, Frühlingszwiebeln, Bohnen und Cashews 5 Minuten pfannenrühren.

Die Miso-Ingwer-Sauce unter das Gemüse rühren und 1 Minute weitergaren.

Sofort mit Reis oder Nudeln servieren.

Pizza mit Röstgemüse

Mittagspause

Zutaten für 2 Pizzas

- Olivenöl zum Einfetten
- je 1 grüne und gelbe Paprika, entkernt und in Streifen geschnitten
- 1 Zucchini, in Scheiben geschnitten
- ½ Aubergine, in Scheiben geschnitten
- 1 rote Zwiebel, in Ringe geschnitten
- 1 Handvoll frische Basilikumblätter, grob zerzupft

- 1 EL schwarze Oliven, halbiert
- 1 EL Pinienkerne

Tomatensauce

- 1 EL Olivenöl
- 1 Zwiebel, fein gehackt
- 2 Knoblauchzehen, zerdrückt
- 400 g gehackte Tomaten
- 1 TL brauner Zucker
- 1 TL getrocknete Tomatenpaste

- 1 TL getrockneter Oregano
- Salz und Pfeffer

Pizzaboden

- 375 g Mehl Type 550, plus etwas mehr zum Bestäuben
- 1 TL Salz
- 1 TL Zucker
- 7 g Trockenbackhefe
- 2 EL Olivenöl

So geht's

Den Backofen auf 200 °C vorheizen. Zwei Backbleche einfetten. Paprika, Zucchini, Aubergine und rote Zwiebel in einer Schüssel im Olivenöl wenden. In eine Auflaufform geben und 30 Minuten backen. Herausnehmen.

Für die Sauce das Öl in einer Pfanne erhitzen. Die Zwiebel darin 4–5 Minuten garen. Den Knoblauch hinzufügen und 1 Minute mitdünsten. Die restlichen Zutaten unterrühren und 6–8 Minuten einköcheln. Mit Salz und Pfeffer würzen, vom Herd nehmen und abkühlen lassen.

Für die Pizzaböden Mehl, Salz, Zucker und Hefe in eine große Schüssel sieben. Öl und 225 ml warmes Wasser hinzufügen. Den Teig auf einer leicht bemehlten Arbeitsfläche 8–10 Minuten durchkneten. Zu 2 Fladen mit 25 cm Durchmesser ausrollen. Auf die Backbleche legen. Das Basilikum unter die Sauce rühren und diese gleichmäßig auf den Böden verstreichen. Mit Oliven, Gemüse und Pinienkernen belegen. 20 Minuten an einem warmen Ort gehen lassen. Die Ofentemperatur auf 230 °C erhöhen und die Pizzas 10–12 Minuten goldbraun backen.

Sattmacher

Chimichangas mit Bohnen

Sattmacher

Zutaten für 4 Personen

- 2 EL Olivenöl
- 2 Zwiebeln,
  in Ringe geschnitten
- 1 grüne Paprika, entkernt
  und in Streifen geschnitten
- 1 rote Paprika, entkernt
  und in Streifen geschnitten
- 400 g schwarze Bohnen
  aus der Dose, abgespült
  und abgetropft

- 2 TL Chipotle-Chilipaste
- 2 EL Pflanzenöl, plus etwas
  mehr zum Braten
- 150 g Palmkohl oder
  Schwarzkohl, in Streifen
  geschnitten
- Saft von 1 Orange
- Salz und Pfeffer
- 4 große weiche vegane
  Tortillas

- gekochter Reis,
  zum Servieren
- Karottensalat oder
  Salsa, zum Servieren

So geht's

Das Öl in einer Pfanne auf mittlerer Stufe erhitzen. Zwiebeln und Paprika darin 10–12 Minuten dünsten, bis die Zwiebeln glasig sind, die Paprikastreifen aber noch Biss haben. Abgetropfte Bohnen und Chilipaste unterrühren, 1 Minute erhitzen, dann den Topf vom Herd nehmen.

Das Pflanzenöl in einem kleinen Wok auf hoher Stufe erhitzen. Den Kohl mit dem Orangensaft 4 Minuten pfannenrühren, bis der Kohl zusammengefallen ist. Mit Salz und Pfeffer nach Geschmack würzen.

Den Kohl in vier Portionen teilen und jede in die Mitte einer Tortilla geben. Mit einer Schicht Bohnen belegen, dann die Seiten behutsam einschlagen, um Pakete herzustellen.

Ein wenig Pflanzenöl in einer Pfanne auf mittlerer Stufe erhitzen und die Chimichanga-Pakete darin kurz auf beiden Seiten goldgelb und knusprig braten (mit der Nahtstelle nach unten beginnen). Sofort mit Reis und Salat oder Salsa servieren.

Schlemmertöpfchen mit Pilzen

Sattmacher

Zutaten für 2 Personen

- 1 EL Olivenöl
- 200 g kleine weiße Champignons, in Scheiben geschnitten
- 1 Zwiebel, grob gehackt
- 1 Porreestange, in Ringe geschnitten
- 3 EL Mehl, plus etwas mehr zum Bestäuben
- 250 ml vegane Brühe
- 250 ml veganes Dunkelbier
- 1 EL frisch gehackte Petersilie
- 1 TL Sojasauce
- Salz und Pfeffer
- 1 Blatt veganer Blätterteig (Fertigprodukt)

So geht's

Den Backofen auf 190 °C vorheizen.

Das Öl in einem Topf auf niedriger Stufe erhitzen. Pilze, Zwiebel und Porree darin 10 Minuten braten, bis die Pilze weich geworden sind. Das Mehl hinzufügen und 1 Minute unter Rühren anschwitzen, dann nach und nach Brühe und Bier unterrühren. Petersilie und Sojasauce hinzufügen und 10 Minuten weitergaren. Vom Herd nehmen, abschmecken und abkühlen lassen.

Den Blätterteig auf eine bemehlte Arbeitsfläche geben und daraus passende Deckel für zwei Pie-Töpfchen (350 ml) schneiden. Die Pilze auf die Töpfchen verteilen und die Teigdeckel aufsetzen. 15–20 Minuten im Ofen backen, bis der Blätterteig aufgegangen und leicht angebräunt ist. Vor dem Servieren mindestens 5 Minuten abkühlen lassen.

Calzone mit Pilzen & Spinat

Sattmacher

Zutaten für 2 große Calzone

Teig
- 375 g Mehl, plus etwas mehr zum Bestäuben
- 1 TL Salz
- 1 EL Zucker
- 7 g Trockenbackhefe
- 2 EL Olivenöl
- 225 ml warmes Wasser

Füllung
- 2 EL Olivenöl
- 2 Zwiebeln, in Ringe geschnitten
- 3 Knoblauchzehen, fein gehackt
- 200 g gemischte Pilze, grob gehackt
- 2 EL Pinienkerne
- 2 EL veganer trockener Weißwein

- 1 EL frisch gehacktes Basilikum
- 175 g frischer Babyspinat, in Streifen geschnitten
- Salz und Pfeffer

- Salatblätter und Tomatenscheiben, zum Servieren

So geht's

Den Backofen auf 190 °C vorheizen. Ein Backblech mit Mehl bestäuben.

Für die Füllung das Öl in einem Topf auf mittlerer Stufe erhitzen. Zwiebeln, Knoblauch und Pilze darin garen, bis die Zwiebeln weich sind. Pinienkerne und Wein hinzufügen und weitere 2 Minuten garen. Basilikum und Spinat in den Topf geben und noch 2 Minuten erhitzen, bis der Spinat zusammengefallen ist. Mit Salz und Pfeffer nach Geschmack würzen.

Für den Teig Mehl, Salz, Zucker und Hefe in eine Schüssel geben. Öl und Wasser unterrühren. Den Teig auf eine bemehlte Arbeitsfläche geben und 10 Minuten durchkneten. Dann zu 2 Fladen mit 26 cm Durchmesser ausrollen.

Die Füllung auf die 2 Fladen verteilen. Die Pilzmischung dabei nur auf einer Hälfte des Teigs platzieren und am Rand 4 cm frei lassen. Die nicht belegte Seite dann über die Füllung schlagen und die Ränder mit den Fingern oder mit einer Gabel andrücken und versiegeln.

Die Calzone auf das vorbereitete Backblech geben und im Ofen 15–20 Minuten goldbraun backen. Mit Salat und Tomaten servieren.

Süßkartoffel-Linsen-Eintopf

Sattmacher

Zutaten für 4 Personen

- 2 EL Olivenöl
- 350 g Süßkartoffeln, in 1-cm-Würfel geschnitten
- 1 Zwiebel, gehackt
- 1 Karotte, gehackt
- 1 Porreestange, in Ringe geschnitten
- 1 Lorbeerblatt
- 85 g Puy-Linsen
- 700 ml vegane Brühe
- 1 EL frisch gehackter Salbei
- Salz und Pfeffer

So geht's

Das Öl in einem Topf auf niedriger Stufe erhitzen. Süßkartoffeln, Zwiebel, Karotte, Porree und Lorbeerblatt darin 5 Minuten dünsten.

Linsen, Brühe und Salbei hineingeben und alles zum Kochen bringen. Auf niedriger Stufe 20 Minuten köcheln, bis die Linsen gar, aber noch nicht zerkocht sind.

Mit Salz und Pfeffer abschmecken. Vom Herd nehmen und das Lorbeerblatt entfernen. Den Eintopf sofort servieren.

Würzig gefüllte Paprika

Sattmacher

Zutaten für 4 Personen

- 4 verschiedenfarbige Paprika
- Olivenöl in einer Sprühflasche
- 1 Zwiebel, fein gehackt
- 2 Knoblauchzehen, gehackt
- 2,5-cm-Stück frische Ingwerwurzel, geschält und gerieben

- 1–2 frische Serrano-Chilis, entkernt und gehackt
- 1 TL gemahlener Kreuzkümmel
- 1 TL gemahlener Koriander
- 85 g gekochter brauner Basmatireis
- 1 große Karotte, gerieben
- 1 große Zucchini, gerieben

- 25 g getrocknete Aprikosen, fein gehackt
- 1 EL frisch gehackter Koriander
- Salz und Pfeffer
- 150 ml Wasser
- frische Kräuter, zum Garnieren

So geht's

Den Backofen auf 190 °C vorheizen. Von den Paprika am Stielansatz einen Deckel abschneiden und beiseitelegen. Dann die Paprika entkernen und in einer Schüssel mit kochendem Wasser bedecken. 10 Minuten ziehen lassen, abgießen und beiseitestellen.

Eine große Pfanne auf mittlerer Stufe erhitzen und mit Öl besprühen. Zwiebel, Knoblauch, Ingwer und Chilis darin 3 Minuten unter häufigem Rühren braten. Die gemahlenen Gewürze hinzufügen und 2 Minuten braten.

Die Pfanne vom Herd nehmen. Reis, Karotte, Zucchini, Aprikosen, gehackten Koriander, Salz und Pfeffer nach Geschmack unterrühren. Die Paprika damit befüllen.

Die gefüllten Paprika in eine Auflaufform setzen, die so groß ist, dass die Paprika darin aufrecht stehen können. Die beiseitegestellten Deckel aufsetzen. Das Wasser in die Form gießen, dann mit einem Deckel oder mit Alufolie abdecken. 25–30 Minuten im vorgeheizten Ofen backen, bis die Paprika gar sind. Vor dem Servieren mit frischen Kräutern garnieren.

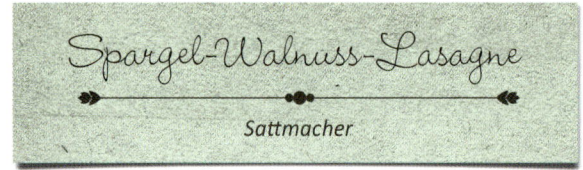

Spargel-Walnuss-Lasagne

Sattmacher

Zutaten für 4 Personen

- 175 g grüne Spargel-
  stangen, geputzt
- 3 EL Olivenöl
- 70 g Frühlingszwiebeln,
  gehackt
- 2 Knoblauchzehen,
  gehackt

- 4 EL Mehl
- 850 ml ungesüßte
  Sojamilch
- 1 TL Sojasauce
- Salz und Pfeffer

- 100 g Walnüsse, grob
  gehackt, plus etwas
  mehr zum Garnieren
- 6 vegane grüne
  Lasagneplatten

So geht's

Den Backofen auf 180 °C vorheizen.

Leicht gesalzenes Wasser in einem Topf zum Kochen bringen. Den Spargel darin 6–10 Minuten garen, abgießen und mit kaltem Wasser abschrecken.

Das Öl in einer Pfanne auf mittlerer Stufe erhitzen. Frühlingszwiebeln und Knoblauch darin 3 Minuten garen, dann das Mehl hinzufügen und 1 Minute unter Rühren anschwitzen. Langsam und unter ständigem Rühren die Sojamilch eingießen und aufkochen lassen. 1–2 Minuten weiterkochen, bis die Masse andickt. Vom Herd nehmen, die Sojasauce unterrühren und mit Salz und Pfeffer nach Geschmack würzen.

Die Hälfte des Spargels in einer Auflaufform (18 cm x 24 cm) verteilen. Mit der Hälfte der Walnüsse bestreuen, einem Drittel der Sauce übergießen und mit 3 Lasagneplatten belegen. Dann wieder Spargel, Walnüsse, Sauce und Lasagneplatten aufschichten. Zum Schluss mit der restlichen Sauce übergießen und mit einigen gehackten Walnüssen garnieren. Mit Pfeffer würzen.

25 Minuten im Ofen backen, bis die Lasagneplatten gar sind und die Oberseite des Auflaufs braun geworden ist. Vor dem Servieren 5 Minuten abkühlen lassen.

Penne mit Kichererbsen

Sattmacher

Zutaten für 4 Personen

- 1 große Prise Safranfäden
- 450 ml heiße vegane Brühe
- 2 EL Olivenöl
- 1 große Zwiebel, grob gehackt
- 1 TL Kreuzkümmelsamen, zerstoßen
- 350 g Aubergine, gewürfelt
- 1 große rote Paprika, entkernt und gehackt
- 400 g gehackte Tomaten mit Knoblauch aus der Dose
- 1 TL Zimt
- 30 g frischer Koriander, Blätter und Stiele getrennt, grob gehackt
- 400 g Kichererbsen aus der Dose, abgespült und abgetropft
- Salz und Pfeffer
- 280 g vegane Penne
- Harissa oder Chilisauce, zum Servieren

So geht's

Die Safranfäden in einer Pfanne ohne Fett auf mittlerer Stufe 20–30 Sekunden rösten, bis sie ihr Aroma entfalten. In eine Schüssel geben und mit den Fingern zerbröseln. 2 Esslöffel der heißen Brühe hinzufügen und bis zur Weiterverarbeitung beiseitestellen.

Das Öl in einem Topf erhitzen. Die Zwiebel 5–6 Minuten goldbraun braten. Den Kreuzkümmel hinzufügen und 20–30 Sekunden anrösten, dann Aubergine, Paprika, Tomaten, Zimt, Korianderstiele, Safranbrühe und die restliche Brühe unterrühren. Abdecken und 20 Minuten köcheln lassen.

Die Kichererbsen hinzufügen und mit Salz und Pfeffer nach Geschmack würzen. Weitere 5 Minuten köcheln, dann den Deckel abnehmen und die Sauce einkochen lassen. Die Sauce bei Bedarf andicken.

Währenddessen leicht gesalzenes Wasser in einem Topf zum Kochen bringen. Die Nudeln hineingeben, erneut aufkochen und 8–10 Minuten garen, bis sie al dente sind. Abgießen und in eine angewärmte Servierschüssel füllen. Die Sauce und die Hälfte der Korianderblätter untermengen. Mit dem restlichen Koriander garnieren und sofort mit Harissa oder Chilisauce servieren.

Veganes Chili

Sattmacher

Zutaten für 4 Personen

- 4 EL vegane Brühe
- 1 Zwiebel, grob gehackt
- 1 grüne Paprika, entkernt und fein gehackt
- 1 rote Paprika, entkernt und fein gehackt
- 1 TL fein gehackter Knoblauch
- 1 TL fein gehackte Ingwerwurzel
- 2 TL gemahlener Kreuzkümmel
- ½ TL Chilipulver
- 2 EL Tomatenmark
- 400 g gehackte Tomaten aus der Dose
- Salz und Pfeffer
- 400 g Kidneybohnen aus der Dose, abgespült und abgetropft
- 400 g Augenbohnen aus der Dose, abgespült und abgetropft
- vegane Tortilla-Chips, zum Servieren

So geht's

Die Brühe in einem großen Topf erhitzen. Zwiebel und Paprika hineingeben und 5 Minuten weich köcheln.

Knoblauch, Ingwer, Kreuzkümmel, Chilipulver, Tomatenmark und Tomaten unterrühren. Mit Salz und Pfeffer abschmecken und 10 Minuten köcheln.

Beide Bohnensorten hinzufügen und weitere 5 Minuten köcheln, bis das Chiligericht schön heiß ist. Sofort mit Tortilla-Chips servieren.

Spaghetti mit Kürbis

Sattmacher

Zutaten für 4 Personen

- 600 g Kürbis (z. B. Butternut), geschält, entkernt und in mundgerechte Stücke geschnitten
- 2 rote Zwiebeln, in Spalten geschnitten
- 1 EL Olivenöl
- 15 sonnengetrocknete Tomaten in Öl
- Salz und Pfeffer
- 350 g vegane Spaghetti
- frische Basilikumblätter, zum Garnieren

So geht's

Den Backofen auf 180 °C vorheizen.

Kürbis und Zwiebeln im Olivenöl wenden. In eine große Auflaufform füllen und 25–30 Minuten im vorgeheizten Ofen rösten. 5 Minuten abkühlen lassen.

Die getrockneten Tomaten klein schneiden und unter das Röstgemüse mengen. Mit Salz und Pfeffer würzen.

Gesalzenes Wasser in einem großen Topf zum Kochen bringen. Die Spaghetti hineingeben, erneut aufkochen und 8–10 Minuten garen, bis sie al dente sind.

Die Spaghetti abgießen, gut abtropfen und auf angewärmte Servierteller verteilen. Das Gemüse darauf verteilen und mit frischen Basilikumblättern garnieren. Sofort servieren.

Zutaten **für 4 Personen**

- 150 g Kartoffeln, in mundgerechte Stücke geschnitten
- 3 EL Pflanzenöl
- 1 Zwiebel, gehackt
- 2 Knoblauchzehen, gehackt
- 3-cm-Stück frische Ingwerwurzel, geschält und fein gehackt

- 1 TL Kreuzkümmelsamen
- 1 TL Chilipulver
- ½ TL gemahlene Kurkuma
- ½ TL Zimt
- 400 g Kichererbsen aus der Dose, abgespült und abgetropft
- 150 g Cashewkern-Hälften
- 350 ml vegane Brühe
- 100 g Kokoscreme

- frisch gehackter Koriander, zum Garnieren
- gekochter Reis, zum Servieren

So geht's

Die Kartoffeln in einen großen Topf mit kochendem Wasser geben und darin 10–15 Minuten bissfest garen.

Das Öl in einem großen Topf auf mittlerer Stufe erhitzen. Zwiebel, Knoblauch, Ingwer, Kreuzkümmelsamen, Chilipulver, Kurkuma und Zimt darin 5 Minuten dünsten, bis die Zwiebel weich und glasig geworden ist.

Gekochte Kartoffeln, Kichererbsen und Cashewkerne hinzufügen und weitere 3 Minuten garen. Brühe und Kokoscreme eingießen und rühren, bis die Kokoscreme aufgelöst ist. Auf niedriger Stufe etwa 15 Minuten sämig einköcheln.

Mit Koriander garnieren und das Curry sofort mit gekochtem Reis servieren.

Fusilli mit Pilzen

Sattmacher

Zutaten für 4 Personen

- 400 g vegane Fusilli
- 60 g Haselnüsse
- 4 EL Olivenöl
- 1 Zwiebel, gehackt
- 4 Knoblauchzehen, gehackt
- 300 g gemischte Pilze, grob gehackt
- Salz und Pfeffer
- 4 EL frisch gehackte Petersilie

So geht's

Gesalzenes Wasser in einem Topf zum Kochen bringen. Die Nudeln hineingeben, erneut aufkochen und etwa 10–12 Minuten garen, bis sie al dente sind.

Die Haselnüsse in einer Pfanne 3–4 Minuten rösten, bis die Haut braun wird. In ein feuchtes, sauberes Geschirrtuch geben, das Tuch über die Nüsse schlagen und auf der Arbeitsfläche reiben, bis die Haut entfernt ist. Die Nüsse grob hacken.

Das Öl in einem großen Topf auf mittlerer Stufe erhitzen. Zwiebel, Knoblauch und Pilze 5 Minuten braten, bis sie anfangen, braun zu werden. Die gehackten Nüsse zu der Pilzmischung geben und 1 weitere Minute garen. Mit Salz und Pfeffer abschmecken.

Die Nudeln abgießen und mit den Pilzen vermengen. Mit Petersilie garnieren und sofort servieren.

Rote-Bete-Risotto

Sattmacher

Zutaten für 6 Personen

- 500 g frische Rote Beten, ungeschält
- 2 EL Olivenöl
- 1 Zwiebel, fein gehackt
- 1 Knoblauchzehe, fein gehackt

- 250 g Risottoreis
- 800 ml vegane Brühe
- 200 ml veganer trockener Weißwein
- Salz und Pfeffer

Knusperbrösel
- 1 EL Kümmelsamen
- 50 g frische helle vegane Semmelbrösel
- ½ TL Zucker
- 1 EL Pflanzenöl

So geht's

Die Roten Beten in einem Topf mit Wasser bedecken und zum Kochen bringen. 45 Minuten garen, bis die Beten weich sind und mit einer Gabel eingestochen werden können. Abgießen und unter fließend kaltem Wasser schälen – die Schale sollte sich leicht abziehen lassen. Die Beten beiseitestellen.

Den Backofen auf 180 °C vorheizen. Das Öl in einem Schmortopf auf mittlerer Stufe erhitzen. Zwiebel und Knoblauch darin 3–4 Minuten glasig dünsten. Reis, Brühe und 150 ml des Weins unterrühren, ab- decken und 30 Minuten im Ofen garen, bis der Reis fertig ist.

Für die Knusperbrösel den Kümmel mit einem Teigroller zerkleinern, dann alle Bröselzutaten in einer kleinen Schüssel mischen. In einer kleinen Pfanne auf mittlerer Stufe unter ständigem Rühren 2–3 Minu- ten rösten. Auf einen Teller geben und abkühlen lassen.

Ein Viertel der Roten Beten in einer Küchenmaschine zu einem feinen Püree verarbeiten. Die restlichen Beten fein hacken. Gehackte und pürierte Rote Beten mit dem restlichen Wein in den Risotto geben und mit Salz und Pfeffer nach Geschmack würzen. Den Risotto auf sechs angewärmte Servierteller verteilen, mit den Bröseln bestreuen und sofort servieren.

Karotten-Röllchen mit Püree

Sattmacher

Zutaten für 4 Personen

Röllchen
- 1 EL Olivenöl
- 2 EL gehackte Frühlingszwiebel
- 1 Knoblauchzehe, gehackt
- ½ frischer roter Chili, entkernt und fein gehackt
- 1 TL gemahlener Kreuzkümmel
- 450 g Karotten, gerieben

- ½ TL Salz
- 3 EL grobe Erdnussbutter
- 2 EL fein gehackter frischer Koriander, plus etwas mehr zum Garnieren
- 100 g frische dunkle vegane Semmelbrösel
- Mehl, zum Bestäuben
- Pflanzenöl, zum Braten

Kartoffelpüree
- 1 kg mehligkochende Kartoffeln, gehackt
- 3 EL ungesüßte Sojamilch
- 50 g vegane Margarine
- Salz und Pfeffer

So geht's

Für die Röllchen das Olivenöl in einem Topf auf mittlerer Stufe erhitzen. Frühlingszwiebel, Knoblauch, Chili und Kreuzkümmel darin 2 Minuten andünsten. Karotten und Salz hinzufügen und gut unterrühren. Den Topfdeckel aufsetzen und auf niedriger Stufe 6–8 Minuten dünsten.

Die Karottenmischung in einer Schüssel gründlich mit Erdnussbutter und Koriander vermengen. Kurz abkühlen lassen, dann die Semmelbrösel unterrühren.

Die Masse auf einer bemehlten Arbeitsfläche zu 8 gleich großen Röllchen formen und mindestens 1 Stunde im Kühlschrank ruhen lassen. Das Öl in einer Pfanne auf mittlerer Stufe erhitzen. Die Röllchen darin 10 Minuten sacht unter gelegentlichem Wenden braten.

Währenddessen leicht gesalzenes Wasser in einem Topf zum Kochen bringen. Die Kartoffeln hineingeben und 15–20 Minuten garen, bis sie weich sind. Mit Milch und Margarine in einer Schüssel zerstampfen, bis keine Klumpen mehr vorhanden sind. Mit Salz und Pfeffer würzen.

Das Kartoffelpüree auf angewärmte Teller geben und mit den Röllchen belegen. Mit Korianderblättern garnieren und sofort servieren.

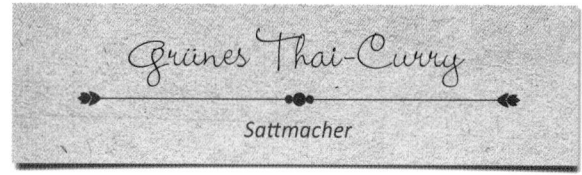

Grünes Thai-Curry

Sattmacher

Zutaten für 4 Personen

- 2 EL Erdnuss- oder Pflanzenöl
- 2 Zwiebeln, in dünne Ringe geschnitten
- 1 Bund dünne grüne Spargelstangen
- 400 ml Kokosmilch

- 2 EL vegane grüne Thai-Currypaste
- 3 frische Kaffir-Limettenblätter
- 250 g Babyspinat
- 2 Pak Choi, gehackt

- 1 kleiner Chinakohl, geraspelt
- 1 Handvoll frisch gehackter Koriander
- gekochter Reis, zum Servieren

So geht's

Einen Wok auf mittlerer bis hoher Stufe vorheizen und das Öl hineingeben. Zwiebeln und Spargel in den Wok geben und 1–2 Minuten pfannenrühren.

Kokosmilch, Currypaste und Limettenblätter hinzufügen und unter gelegentlichem Rühren zum Kochen bringen.

Spinat, Pak Choi und Chinakohl hinzugeben und etwa 2–3 Minuten unter Rühren zusammenfallen lassen. Nun den Koriander unterrühren und zusammen mit frisch gekochtem Reis servieren.

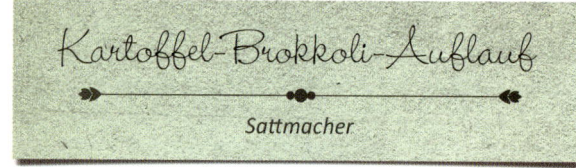

Kartoffel-Brokkoli-Auflauf

Sattmacher

Zutaten für 4 Personen

- 500 g neue Kartoffeln, in Scheiben geschnitten
- 1 EL Olivenöl
- ½ kleine Zwiebel, fein gehackt
- 400 ml Kokosmilch

- 8 EL grobe Erdnussbutter
- 1 EL Sojasauce
- 2 TL Zucker
- ½ TL getrocknete rote Chiliflocken
- 200 g Brokkoliröschen

- 60 g ungesalzene Erdnüsse
- Salz und Pfeffer
- 2 TL zerlassene vegane Margarine

So geht's

Den Backofen auf 190 °C vorheizen.

Leicht gesalzenes Wasser in einem großen Topf zum Kochen bringen. Die Kartoffeln hineingeben, erneut aufkochen und 8–10 Minuten garen, bis sie etwas weich geworden sind. Abgießen und beiseitestellen.

Das Öl in einem Topf auf mittlerer Stufe erhitzen. Die Zwiebel darin 2 Minuten andünsten, dann Kokosmilch, Erdnussbutter, Sojasauce, Zucker und Chiliflocken unterrühren. Zum Kochen bringen und rühren, bis alles gut vermengt ist. Auf niedriger Stufe 5 Minuten köcheln.

Derweil den Brokkoli in einem Topf mit Dämpfeinsatz 4–5 Minuten dämpfen, bis er fast gar ist.

Brokkoli und Erdnüsse in den Topf mit der Sauce geben und gut unterrühren. Den Brokkoli mit Salz und Pfeffer nach Geschmack würzen und in eine rechteckige Auflaufform füllen.

Mit den Kartoffelscheiben bedecken und mit der zerlassenen Margarine beträufeln. Nochmals pfeffern und 20–25 Minuten im vorgeheizten Ofen goldgelb backen. Vor dem Servieren 5 Minuten abkühlen.

Sprossen-Apfel-Salat

Sattmacher

Zutaten für 6 Personen

- 225 g gemischte Sprossen (z. B. Alfalfa-, Mungbohnen-, Sojabohnen-, Azukibohnen-, Kichererbsen- und Radieschensprossen)
- 30 g Kürbiskerne
- 30 g Sonnenblumenkerne
- 30 g Sesamsaat
- 1 kleiner Apfel
- 70 g getrocknete Aprikosen
- abgeriebene Schale und Saft von 1 Zitrone
- 50 g grob gehackte Walnüsse
- 2 EL veganes Omega-3-6-9-Öl

So geht's

Sprossen, Kürbis- und Sonnenblumenkerne sowie Sesamsaat in einer Schüssel mischen. Den Apfel entkernen und klein schneiden, die Aprikosen in kleine Stücke schneiden. Beides in die Schüssel geben, dann Zitronenschale und Walnüsse unterrühren.

Für das Dressing Zitronensaft und Öl in einer kleinen Schale mit einer Gabel gründlich verquirlen.

Den Salat mit dem Dressing verrühren. Sofort servieren.

Gegrillte Tofuspieße

Sattmacher

Zutaten für 6 Stück

- 400 g fester Tofu
- 3 rote Zwiebeln, geviertelt
- 12 kleine Champignons

Marinade
- 250 g passierte Tomaten
- 3 EL Apfelessig
- 2 EL Muskovado-Zucker
- 2 Knoblauchzehen, fein gehackt

- ¼ TL Salz
- ¼ TL Chilipulver
- ¼ TL geräuchertes Paprikapulver (Pimentón)

So geht's

Für die Grillmarinade alle Zutaten in einem Topf verrühren und auf niedriger Stufe 10 Minuten köcheln.

Den Tofu abtropfen lassen und überschüssiges Wasser mit Küchenpapier abtupfen. In 18 Stücke schneiden.

Tofustücke, Zwiebelviertel und Pilze auf ein Backblech geben und mit der warmen Marinade übergießen. Vorsichtig wenden, bis alles gut überzogen ist. Abdecken und abkühlen lassen. Diese Mischung kann bis zur Verwendung auch eingefroren werden. Tofu und Gemüse mindestens 2 Stunden marinieren.

Den Backofengrill vorheizen. Falls Sie Holzspieße verwenden, sollten Sie diese vorher 10 Minuten in Wasser einweichen. Je 2 Pilze, 2 Zwiebelviertel und 3 Tofustücke abwechselnd auf sechs Holzspieße stecken. Mit der restlichen Marinade bestreichen und unter dem Backofengrill oder auf einem Holzkohlegrill unter gelegentlichem Wenden schön braun grillen. Sofort servieren.

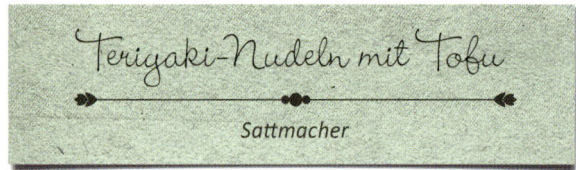

Teriyaki-Nudeln mit Tofu

Sattmacher

Zutaten für 2 Personen

- Salz
- 150 g vegane Asianudeln
- 200 g fester Tofu, abgetropft
- 2 EL Sonnenblumen- oder anderes Pflanzenöl
- 1 rote Paprika, entkernt und in dünne Streifen geschnitten

- 150 g Babymaiskolben, längs halbiert
- 200 g Choisum (asiatischer Blattkohl), in 4-cm-Streifen geschnitten

Sauce
- 3 EL Tamari- oder dunkle Sojasauce

- 3 EL Reiswein
- 2 EL heller Agavendicksaft
- 1 EL Speisestärke
- 1 EL frisch geriebene Ingwerwurzel
- 1–2 Knoblauchzehen, zerdrückt
- 250 ml Wasser

So geht's

Leicht gesalzenes Wasser in einem Topf zum Kochen bringen. Die Nudeln hineingeben, erneut aufkochen und 4 Minuten garen, bis sie al dente sind. Abgießen.

Währenddessen den Tofu in mundgerechte Stücke schneiden. Mit reichlich Küchenpapier trocken tupfen. Eine beschichtete Pfanne auf niedriger bis mittlerer Stufe erhitzen. Die Tofustücke darin 3 Minuten braten, wenden und weitere 2–3 Minuten braten. Auf einen Teller geben.

Für die Sauce Tamari-Sauce, Reiswein, Agavendicksaft, Speisestärke, Ingwer und Knoblauch in einer Schüssel verquirlen, dann das Wasser unterrühren. Beiseitestellen.

Das Öl in einem Wok oder einer großen Pfanne erhitzen. Paprika und Babymaiskolben darin 3 Minuten pfannenrühren. Den Choisum hinzufügen und 2 weitere Minuten pfannenrühren. Die Sauce eingießen und unter ständigem Rühren erhitzen, bis sie kocht und andickt. Nudeln und Tofu hineingeben und alles 1–2 Minuten pfannenrühren. Sofort servieren.

Gemüse auf Sichuan-Art

Sattmacher

Zutaten für 4 Personen

- 2 EL Chiliöl
- 4 Knoblauchzehen, zerdrückt
- 5-cm-Stück frische Ingwerwurzel, geschält und gerieben
- 250 g Karotten, in dünne Streifen geschnitten
- 1 rote Paprika, entkernt und in Streifen geschnitten
- 150 g Shiitake-Pilze, in Scheiben geschnitten
- 150 g Zuckererbsen
- 3 EL Sojasauce
- 3 EL grobe Erdnussbutter
- 350 g Bohnensprossen
- gekochter Reis, zum Servieren

So geht's

Das Chiliöl in einen vorgeheizten Wok geben und Knoblauch, Ingwer und Karotten 3 Minuten pfannenrühren. Die Paprika hinzufügen und 2 Minuten pfannenrühren.

Pilze und Zuckererbsen hinzugeben. Nochmals 1 Minute pfannenrühren.

Sojasauce und Erdnussbutter in einer kleinen Schüssel verrühren.

Das Gemüse aus der Wokmitte mit einem Holzlöffel beiseiteschieben, sodass der Wokboden sichtbar wird. Die Erdnussmischung hineingießen und unter Rühren aufkochen, bis sie anzudicken beginnt. Die Bohnensprossen hinzufügen und das Gemüse unterrühren, bis alles von der Sauce überzogen ist.

Auf Servierteller verteilen und mit frisch gekochtem Reis servieren.

Gemüse mit Walnussstreuseln

Sattmacher

Zutaten für 4 Personen

- 2 EL Olivenöl
- 200 g Butternut-Kürbis-fleisch, gehackt
- 150 g Süßkartoffel, gehackt
- 1 Zwiebel, gehackt
- 2 Karotten, in Scheiben geschnitten

- 1 TL Zimt
- ¼ TL gemahlene Kurkuma
- 600 ml vegane Brühe
- 70 g Babymaiskolben, längs halbiert

Walnussstreusel
- 70 g vegane Margarine
- 100 g Mehl
- 70 g grob gehackte Walnüsse
- 4 EL feine Haferflocken
- Salz und Pfeffer

So geht's

Den Backofen auf 200 °C vorheizen.

Das Öl in einem Topf auf mittlerer Stufe erhitzen. Kürbis, Süßkartoffel, Zwiebel und Karotten darin 5 Minuten garen. Zimt und Kurkuma unterrühren und 2 Minuten mitgaren. Die Brühe einrühren, dann auf niedriger Stufe 10 Minuten unter häufigem Rühren köcheln. Zuletzt den Babymais unterrühren.

Für die Streusel die Margarine in einer Schüssel mit dem Mehl so lange verreiben, bis eine feinkrümelige Masse entstanden ist. Walnüsse und Haferflocken unterrühren und mit Salz und Pfeffer nach Geschmack würzen.

Das Gemüse in eine quadratische Auflaufform mit 20 cm Seitenlänge füllen. Die Streusel darübergeben und 20 Minuten im vorgeheizten Ofen backen, bis die Streusel goldgelb geworden sind. 5 Minuten abkühlen lassen, dann sofort servieren.

Linsen-Paranuss-Braten

Sattmacher

Zutaten für 6 Personen

- vegane Margarine, zum Einfetten
- 250 g rote Linsen
- 1 Lorbeerblatt
- 2 EL Olivenöl
- 1 Zwiebel, fein gehackt

- 2 Knoblauchzehen, fein gehackt
- 1 Karotte, fein gehackt
- 300 g Paranüsse
- 1 EL Tomatenmark
- 1 EL Sojasauce

- 120 g frische helle vegane Semmelbrösel
- 1 EL getrockneter Oregano
- gedämpftes grünes Gemüse, zum Servieren

So geht's

Den Backofen auf 190 °C vorheizen. Eine Kastenform (900 g Inhalt) einfetten und mit Backpapier auslegen.

Linsen und Lorbeerblatt in einem Topf mit 375 ml Wasser bedecken. Zum Kochen bringen, dann 25 Minuten köcheln, bis die Linsen gar und breiig sind. Das Lorbeerblatt entfernen und die Linsen beiseitestellen.

Das Öl in einer Pfanne auf mittlerer Stufe erhitzen und Zwiebel, Knoblauch sowie Karotte darin 3 Minuten dünsten. Ein Drittel der Paranüsse grob hacken. Die restlichen Nüsse in einer Küchenmaschine zermahlen. Die Zwiebelmischung mit den gemahlenen und gehackten Nüssen, mit Linsen, Tomatenmark, Sojasauce, Semmelbröseln und Oregano in eine Schüssel füllen. Gut mischen und in die vorbereitete Form drücken.

25 Minuten im Ofen backen. Erst leicht abkühlen lassen, dann herauslösen und in Scheiben schneiden. Heiß oder warm mit gedämpftem Gemüse servieren.

Variation

Ergänzen Sie noch eine farbenfrohe Füllung: Die Hälfte der Nussmasse in die Form geben und mit gehackten sonnengetrockneten Tomaten, gehackter gegrillter roter Paprika und frisch gehackten Kräutern belegen. Die restliche Nussmasse darauf verteilen. Wie in Schritt 4 backen.

Gnocchi mit Palmkohl

Sattmacher

Zutaten für 4 Personen

- Salz
- 200 g Palm- oder Schwarzkohl, in Streifen geschnitten
- 2 EL Olivenöl
- 1 Zwiebel, gehackt
- 400 g Artischockenherzen aus der Dose, geviertelt

- 2 Knoblauchzehen, gehackt
- 1 TL rote Chiliflocken
- Saft von ½ Zitrone
- 2 EL Pinienkerne

Gnocchi
- 675 g gleich große Backkartoffeln
- 250 g Mehl, plus etwas mehr zum Bestäuben
- 2 EL Olivenöl

So geht's

Für die Gnocchi den Backofen auf 230 °C vorheizen. Die Kartoffeln auf einem Backblech verteilen und dann 45–60 Minuten im Ofen backen, bis sie gar sind. Gut abkühlen lassen, pellen und das Fruchtfleisch mit einem Stampfer oder einer Kartoffelpresse sehr fein pürieren, sodass keine Klumpen mehr vorhanden sind.

Das Kartoffelpüree auf eine bemehlte Arbeitsfläche geben und 5 Minuten mit Mehl und Öl verkneten. Den Teig vierteln. Jedes Stück zu einer langen Rolle formen und diese in etwa 2 cm lange Stücke schneiden.

Gesalzenes Wasser in einem großen Topf zum Kochen bringen. Den Kohl hineingeben, erneut aufkochen und 6–8 Minuten garen. Abgießen und gut ausdrücken, um so viel Flüssigkeit wie möglich zu entfernen.

Das Öl in einer Pfanne auf hoher Stufe erhitzen. Die Zwiebel darin 3 Minuten dünsten. Artischocken, Knoblauch und Chili hinzufügen und zusammen 1 weitere Minute dünsten. Dann Kohl, Zitronensaft und Pinienkerne unterrühren. Beiseitestellen.

Gesalzenes Wasser in einem Topf zum Kochen bringen. Die Gnocchi portionsweise 2–3 Minuten darin kochen, bis sie an die Wasseroberfläche steigen. Die Gnocchi gut mit der Kohlmischung vermengen. Sofort servieren.

Pikante Pilzburger

Sattmacher

Zutaten für 6 Personen

- 425 g Kidneybohnen aus der Dose, abgespült und abgetropft
- 2 EL Sonnenblumen- oder Pflanzenöl, plus etwas mehr zum Bestreichen
- 1 Zwiebel, fein gehackt
- 125 g weiße Champignons, fein gehackt
- 1 große Karotte, grob gerieben

- 2 TL geräuchertes Paprikapulver (Pimentón)
- 70 g feine Haferflocken
- 3 EL dunkle Sojasauce
- 2 EL Tomatenmark
- 30 g frischer Koriander, mit den Stielen gehackt
- Salz und Pfeffer
- 3 EL Mehl

Zum Servieren
- Salatblätter
- Avocadoscheiben
- Tomatensalsa oder -relish
- vegane Hamburger-brötchen

So geht's

Die Bohnen in einer großen Schüssel mit einem Kartoffelstampfer zerdrücken. Das Öl in einer Pfanne erhitzen und die Zwiebel 2 Minuten glasig dünsten. Pilze, Karotte und Paprikapulver hinzufügen. Weitere 4 Minuten braten, bis das Gemüse gar ist.

Das gebratene Gemüse mit Haferflocken, Sojasauce, Tomatenmark und Koriander zu den Bohnen geben. Mit Salz und Pfeffer würzen und alles gründlich vermengen. In 6 gleich große Portionen teilen, zu Burgern formen und leicht im Mehl wenden.

Eine Grillpfanne bis zum Rauchpunkt erhitzen. Eine Seite der Burger leicht mit Öl bestreichen und in die Pfanne legen. Auf mittlerer Stufe 2–3 Minuten grillen, bis sie unten leicht angeschwärzt sind. Die oberen Seiten der Burger dann auch mit Öl bestreichen, wenden und weitere 2–3 Minuten grillen. Noch heiß mit Salatblättern, Avocadoscheiben und Salsa in Hamburgerbrötchen servieren.

Blätterteigpasteten

Sattmacher

Zutaten für 2 Personen

- 1 EL Olivenöl, plus etwas mehr zum Einfetten
- 1 Zwiebel, in Ringe geschnitten
- 2 Knoblauchzehen, fein gehackt
- 80 g sonnengetrocknete Tomaten in Öl, grob gehackt
- 150 g Artischockenherzen in Öl, grob gehackt
- 1 EL frisch gehackter Estragon
- 1 TL Paste aus sonnengetrockneten Tomaten
- 4 EL veganer trockener Weißwein
- 1 Packung veganer Blätterteig (etwa 500 g, Fertigprodukt)
- Mehl, zum Bestäuben

So geht's

Den Backofen auf 200 °C vorheizen. Ein Backblech leicht einfetten.

Das Öl in einer Pfanne auf mittlerer Stufe erhitzen und die Zwiebel darin 5 Minuten weich dünsten. Knoblauch, sonnengetrocknete Tomaten, Artischockenherzen, Estragon, Tomatenpaste und Wein hinzufügen. Alles gut vermengen und weitere 5 Minuten garen. Vom Herd nehmen und 5 Minuten abkühlen lassen.

Den Blätterteig auf eine bemehlte Arbeitsfläche geben. Mit einem scharfen Messer je 2 Kreise à 23 cm und 20 cm Durchmesser ausschneiden.

Die kleineren Teigkreise auf das vorbereitete Backblech legen und mit der Füllung belegen. Dabei einen Rand von 2,5 cm frei lassen. Mit den größeren Teigkreisen abdecken und an den Rändern gut andrücken. Den Rand dann umschlagen und mit den Fingern oder einer Gabel kräuseln. Oben mittig mit der Spitze eines scharfen Messers ein kleines Loch einstechen, damit der Dampf beim Backen entweichen kann.

20 Minuten im vorgeheizten Ofen goldgelb backen. Sofort servieren.

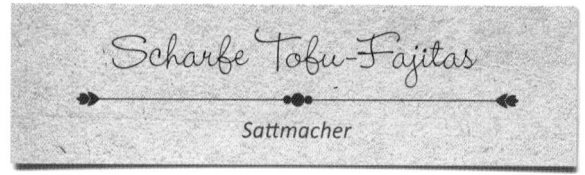

Scharfe Tofu-Fajitas

Sattmacher

Zutaten für 4 Personen

- 200 g fester Tofu
- 3 EL Pflanzenöl
- 1 Zwiebel, in dicke Ringe geschnitten
- 1 rote Paprika, entkernt und in Streifen geschnitten
- 1 gelbe Paprika, entkernt und in Streifen geschnitten

- 4 weiche vegane Tortilla-Wraps, erwärmt
- Salsa und Limetten-spalten, zum Servieren

Gewürzmischung
- ¼ TL Knoblauchpulver
- ¼ TL Zwiebelpulver
- ¼ TL Cayennepfeffer
- ¼ TL getrockneter Oregano
- ¼ TL gemahlener Piment
- 1 EL Mehl

So geht's

Den Tofu abtropfen lassen und überschüssiges Wasser mit Küchen-papier abtupfen. In etwa 1 cm dicke Scheiben schneiden.

Alle Zutaten für die Gewürzmischung in einer Schüssel mischen und auf einem großen Teller verteilen. Die Tofuscheiben beidseitig in der Mischung wenden.

2 Esslöffel des Öls in einer großen Pfanne auf mittlerer Stufe erhitzen. Die Tofuscheiben darin 5 Minuten braun und knusprig braten, dabei ein- oder zweimal vorsichtig wenden.

Zwiebel und Paprika in einer Schüssel im restlichen Öl wenden. 6–8 Minuten in einer vorgeheizten Grillpfanne grillen. Das Gemüse nicht zu häufig wenden, damit das typische Grillmuster entsteht.

Tofu und Gemüse warm in Schalen servieren, dazu die Tortillas reichen, damit jeder Gast seine Fajita selbst zusammenstellen kann. Mit Salsa und Limettenspalten zum Auspressen servieren.

Süß & fruchtig

Gebackene Portweinpflaumen

Süß & fruchtig

Zutaten für 4 Personen

- 8 große Pflaumen
- 1 Zimtstange
- 2 Streifen Limettenschale
- 25 g Rohrzucker
- 2 EL heller Agavendicksaft
- 200 ml veganer Portwein

So geht's

Den Backofen auf 180 °C vorheizen. Die Pflaumen halbieren und entsteinen.

Pflaumenhälften (mit der Schnittseite nach oben), Zimtstange und Limettenschale in eine kleine Auflaufform geben. Mit dem Zucker bestreuen. Agavendicksaft und Portwein verquirlen und über die Pflaumen gießen.

30–40 Minuten im vorgeheizten Ofen backen, bis die Pflaumen weich sind. 5 Minuten abkühlen lassen, dann die Flüssigkeit in einen kleinen Topf abgießen.

Diesen Saft zum Kochen bringen und 5–10 Minuten um ein Drittel einkochen, bis ein Sirup entsteht. Den Sirup über die Pflaumen gießen und sofort servieren.

Grüntee-Haselnuss-Eis

Süß & fruchtig

Zutaten für 6 Personen

- 400 ml Kokosmilch
  aus der Dose
- 200 g Kokoscreme
- 200 g Zucker
- 3 TL grünes Teepulver
- 50 g geröstete Haselnüsse,
  gehackt

So geht's

Kokosmilch und Kokoscreme in einem Topf auf mittlerer Stufe unter
ständigem Rühren erhitzen, bis sich beide Zutaten verbunden haben.

Zucker und Grünteepulver unterrühren. Die gehackten Haselnüsse
untermengen und auf Zimmertemperatur abkühlen lassen.

Die Masse in einer Eismaschine nach Herstellerangaben verarbeiten.
Alternativ die abgekühlte Masse in einen Gefrierbehälter füllen und ins
Tiefkühlfach stellen. Die noch nicht ganz feste Masse immer wieder aus
dem Tiefkühlfach nehmen, umrühren und weiter gefrieren, bis das Eis
fest ist. Das fertige Eis bis zur Verwendung im Tiefkühlfach lassen.

Obstsalat mit Eiscreme

Süß & fruchtig

Zutaten für 4 Personen

Eiscreme
- 2 EL Pfeilwurzmehl
- 250 ml Sojamilch
- 500 g Sojasahne
- 150 g Zucker
- 1 EL Vanilleextrakt

Obstsalat
- 300 g gemischte Sommerfrüchte, z. B. Erdbeeren, Himbeeren, Blaubeeren, Pfirsiche, Nektarinen und Kiwis

- frische Minzeblätter, zum Garnieren

So geht's

Das Pfeilwurzmehl in einer Schüssel mit ausreichend Sojamilch zu einer glatten, flüssigen Masse verrühren und beiseitestellen.

Restliche Sojamilch, Sojasahne und Zucker in einem großen Topf unter Rühren zum Kochen bringen, damit sich der Zucker auflöst. Sobald der Siedepunkt erreicht ist, den Topf vom Herd nehmen und das glatt gerührte Pfeilwurzmehl und das Vanilleextrakt unterrühren. Abkühlen lassen.

Die Masse in einer Eismaschine nach Herstellerangaben verarbeiten. Alternativ die abgekühlte Masse in einen Gefrierbehälter füllen und ins Tiefkühlfach stellen. Die noch nicht ganz feste Masse immer wieder aus dem Tiefkühlfach nehmen, umrühren und weiter gefrieren, bis das Eis fest ist.

Das Obst waschen oder schälen und in mundgerechte Stücke schneiden. Mit der Eiscreme servieren und mit 1 oder 2 Minzeblättern garnieren.

Kokosmilchreis

Süß & fruchtig

Zutaten für 4 Personen

- 5 grüne Kardamomkapseln
- 100 g Milchreis
- 600 ml Sojamilch
- 400 ml Kokosmilch
- 60 g Zucker
- 1 Prise Safran
- 2 EL Mandelblättchen

So geht's

Die Kardamomkapseln zerdrücken und die Samen herauslösen. Die Samen in einem Mörser oder mit einem Teigroller fein zerstoßen. Reis, Sojamilch, Kokosmilch, Zucker, Kardamom und Safran in einen Topf geben und auf niedriger Stufe erhitzen. 40 Minuten unter häufigem Rühren köcheln, bis eine cremige Masse entstanden ist.

Die Mandelblättchen in einer Pfanne ohne Fett auf hoher Stufe 2–3 Minuten goldgelb rösten.

Den Milchreis heiß oder kalt mit den gerösteten Mandelblättchen servieren.

Bananen-Schoko-Eis

Süß & fruchtig

Zutaten für 4 Personen

- 3 Bananen (300 g)
- 3 EL Kakaopulver
- 1 EL Agavendicksaft

So geht's

Die Bananen schälen und in 2 cm dicke Scheiben schneiden. In einen Gefrierbeutel füllen und 3 Stunden gefrieren.

Die Bananen aus dem Tiefkühlfach nehmen und mit Kakaopulver und Agavendicksaft in eine Küchenmaschine oder einen Mixer füllen. Glatt mixen und sofort servieren. Für ein festeres Eis nochmals gefrieren.

Prickelndes Sekt-Sorbet

Süß & fruchtig

Zutaten für 4 Personen

- 150 g Zucker
- 150 ml Wasser
- 1 Streifen dünn abgeschnittene Zitronenschale
- Saft von 1 Zitrone
- 350 ml veganer Sekt
- Weintrauben und frische Minzeblätter, zum Dekorieren

So geht's

Zucker, Wasser und Zitronenschale in einen Topf geben. Auf niedriger Stufe unter Rühren erhitzen, bis der Zucker aufgelöst ist. Dann 2–3 Minuten einköcheln und um die Hälfte reduzieren. Abkühlen lassen und die Zitronenschale entfernen.

Den entstandenen Sirup mit Zitronensaft und Sekt verrühren und in einer Eismaschine nach Herstellerangaben verarbeiten. Alternativ die abgekühlte Masse in einen flachen Gefrierbehälter füllen und ohne Deckel ins Tiefkühlfach stellen. Einmal die Stunde umrühren, bis das Sorbet gefroren ist.

Das fertige Sorbet bei Zimmertemperatur leicht antauen lassen und in hohe Serviergläser füllen. Mit Trauben und Minzeblättern dekorieren.

Kürbis-Tartelettes

Süß & fruchtig

Zutaten für 4 Personen

- 10 g vegane Margarine, in Stücken, plus etwas mehr zum Einfetten
- 400 g Kürbisfleisch, in 1-cm-Stücke geschnitten
- 1 EL Ahornsirup
- 10 g Ingwerpflaume in Sirup, fein gehackt
- ¼ TL Zimt
- ¼ TL gemahlener Piment
- 135 g veganer Filoteig
- 2 EL Rapsöl
- Puderzucker, zum Bestäuben

So geht's

Den Backofen auf 190 °C vorheizen. Vier Tarteletteformen mit 10 cm Durchmesser leicht einfetten.

Den Kürbis auf einem Backblech verteilen und mit den Margarine-stücken belegen. 5 Minuten im vorgeheizten Ofen rösten, dann umrühren und weitere 20 Minuten rösten, bis die Kürbisstücke langsam braun werden. Ahornsirup, gehackten Ingwer, Zimt und Piment unterrühren und weitere 5 Minuten backen. Abkühlen lassen.

Den Filoteig in 12 Quadrate mit 10 cm Seitenlänge schneiden. 4 Quadrate mit Rapsöl bestreichen und je ein zweites Quadrat darauflegen, allerdings leicht versetzt – am Ende sollen die Ecken eine Sternform bilden. Nochmals mit Öl bestreichen und mit den restlichen Teig-quadraten belegen. So entstehen 4 dreilagige Teigstapel. Die Stapel vorsichtig in die vorbereiteten Tarteletteformen drücken und im Ofen 8–10 Minuten knusprig-goldgelb backen.

Die Tartelettböden mit den Kürbisstücken füllen, mit Puderzucker bestäuben und sofort servieren.

Bratäpfel

Süß & fruchtig

Zutaten für 4 Personen

- 4 Kochäpfel
- 1 EL Zitronensaft
- 50 g Blaubeeren
- 50 g Rosinen
- 25 g gemischte Nüsse, gehackt und geröstet
- ½ TL Zimt
- 2 EL Rohrzucker
- 275 ml veganer Rotwein
- 2 TL Speisestärke
- 4 TL Wasser

So geht's

Den Backofen auf 200 °C vorheizen. Jeden Apfel mit einem scharfen Messer mittig rundum einritzen. Das Kerngehäuse ausstechen und das Innere mit dem Zitronensaft bestreichen, um eine Braunfärbung zu verhindern. Die Äpfel in eine kleine Auflaufform geben.

Blaubeeren, Rosinen, Nüsse, Zimt und Zucker in einer Schüssel gut vermengen. Die Mischung in die ausgestochenen Äpfel füllen, die Äpfel dann mit dem Rotwein übergießen.

Die gefüllten Äpfel 40–45 Minuten im vorgeheizten Ofen garen. Aus dem Ofen nehmen, aus der Form heben und warm halten.

Den Sud aus der Form in einen Topf füllen, die Speisestärke mit dem Wasser glatt rühren und unter den Sud rühren. Auf mittlerer Stufe auf dem Herd unter Rühren erhitzen, bis die Sauce andickt. Vom Herd nehmen, über die Äpfel gießen und sofort servieren.

Blaubeerstrudel

Süß & fruchtig

Zutaten für 4–6 Personen

- 200 g Blaubeeren
- 1 EL Speisestärke
- 100 g Zucker
- Mehl, zum Bestäuben
- 270 g veganer Filoteig
- 50 g vegane Margarine, zerlassen und abgekühlt
- Puderzucker, zum Bestäuben

So geht's

Den Backofen auf 190 °C vorheizen. Ein Backblech mit Backpapier auslegen.

Blaubeeren, Speisestärke und Zucker in einer Schüssel vermengen.

2 Blätter Filoteig auf einer bemehlten Arbeitsfläche leicht überlappend aufeinanderlegen. Mit zerlassener Margarine bestreichen und dann mit 2 weiteren Blättern belegen. Diese ebenfalls mit Margarine bestreichen und wieder mit 2 Teigblättern belegen.

Die Beerenmischung in einem Streifen entlang einer Längsseite des Teigs platzieren. An dieser Seite beginnend den Teig vorsichtig aufrollen und die Seiten dabei einschlagen.

Den Strudel auf das vorbereitete Backblech setzen, mit der restlichen zerlassenen Margarine bestreichen und 20 Minuten im vorgeheizten Ofen goldgelb backen. Kalt oder warm servieren und zuvor mit etwas Puderzucker bestäuben.

Beeren-Brot-Pudding

Süß & fruchtig

Zutaten für 6 Personen

- 600 g gemischte Beeren: Rote und Schwarze Johannisbeeren, Blaubeeren und Himbeeren, plus einige mehr zum Garnieren (nach Belieben)
- 3–4 EL Zucker
- 6 EL veganer Portwein
- 300 g frische Erdbeeren, geputzt, große Exemplare halbiert oder geviertelt
- 6–7 Scheiben veganes Weißbrot, entrindet

So geht's

Gemischte Beeren, 2 Esslöffel Zucker und 3 Esslöffel Portwein in einem Topf auf niedriger Stufe erhitzen. 3–4 Minuten köcheln, bis der Fruchtsaft langsam austritt. Dann vom Herd nehmen. Die Erdbeeren hinzufügen und den restlichen Zucker unterrühren.

Eine Puddingform mit Frischhaltefolie auslegen. Die Beeren durch ein Sieb gießen, den Saft auffangen und mit dem restlichen Portwein verrühren. Aus einer Brotscheibe einen Kreis mit dem Durchmesser der Puddingform ausschneiden. Die Brotscheibe in den Saft tunken und in die Form legen.

Eine Scheibe Brot beiseitelegen. Das restliche Brot leicht schräg halbieren. Die Brotstücke in den Saft tauchen, am Formrand verteilen und so eng zusammenschieben, dass keine freien Stellen mehr übrig sind. Die Beeren einfüllen, dann mit der beiseitegelegten Brotscheibe abdecken. Oben einen kleinen Teller aufstellen und mit einer Konservendose beschweren. Den Pudding und die Saftreste über Nacht in den Kühlschrank stellen.

Dose und Teller abnehmen und den Pudding auf einen Teller stürzen. Form und Frischhaltefolie entfernen und nach Belieben mit frischen Sommerbeeren dekorieren. Mit dem restlichen Saft servieren.

Zutaten für 12 Personen

- vegane Margarine, zum Einfetten
- 300 g Mehl
- 50 g ungesüßtes Kakaopulver
- 1 TL Backpulver
- 1 TL Natron
- ½ TL Salz
- 300 g Zucker
- 375 ml Sojamilch

- 125 ml Rapsöl
- 7 EL Himbeerkonfitüre
- einige Tropfen Vanillearoma

Guss
- 40 ml Sojamilch
- 100 g vegane Bitter-schokolade, in kleine Stücke gebrochen

- 60 g Puderzucker
- 1 EL Ahornsirup
- frische Himbeeren, zum Dekorieren

So geht's

Den Backofen auf 180 °C vorheizen. Eine runde Springform (24 cm Ø) einfetten und mit Backpapier auslegen.

Mehl, Kakao, Backpulver und Natron in eine Schüssel sieben, dann Salz und Zucker untermischen. Sojamilch, Öl, Himbeerkonfitüre und Vanille-aroma in einem Topf auf mittlerer Stufe unter ständigem Rühren erhitzen und unter die trockenen Zutaten mengen. In die Form füllen und 45 Minuten backen, bis an einem in der Mitte eingestochenen Holzspieß kein Teig mehr haften bleibt. Auf einem Kuchengitter auskühlen lassen.

Für den Guss die Sojamilch in einem kleinen Topf auf mittlerer Stufe bis zum Siedepunkt erhitzen. Dann die Schokolade hineingeben und rühren, bis sie geschmolzen ist. Vom Herd nehmen, Puderzucker und Ahornsirup unterrühren. Abkühlen lassen, dann mit einem Palettenmesser auf dem Kuchen verstreichen. Mit frischen Himbeeren dekorieren.

Variation

Die Himbeerkonfitüre kann durch Orangenmarmelade ersetzen werden. Orangenfilets in Schokolade tauchen und den Kuchen damit garnieren.

Gegrillte Fruchtspieße

Süß & fruchtig

Zutaten für 8 Personen

- gemischte exotische Früchte, z. B. Melone, Sternfrucht, Kiwi, Ananas, Banane, Mango

Rumsauce
- 4 EL Orangensaft
- 3–4 Streifen Orangenschale
- 3–4 Streifen Zitronenschale

- 125 ml veganer brauner Rum
- 2 EL brauner Zucker
- 3 Kardamomkapseln, aufgebrochen

So geht's

Alle Zutaten für die Rumsauce in einen Topf füllen und auf niedriger Stufe 10–15 Minuten köcheln, sodass die Sauce um die Hälfte einkocht. Zitrusschalen und Kardamomkapseln mit einem Schaumlöffel herausheben. Die Sauce beiseitestellen und vor dem Servieren der Spieße erhitzen.

Das Obst waschen oder schälen und in große Stücke schneiden. Werden Holzspieße verwendet, diese zunächst 10 Minuten in Wasser einweichen. Auf acht Spieße abwechselnd je 8–10 Fruchtstücke stecken.

Den Backofengrill vorheizen. Die Spieße unter dem vorgeheizten Backofengrill oder auf einem Holzkohlegrill unter häufigem Wenden grillen, bis sie heiß und angebräunt sind. Sofort mit der Rumsauce servieren.

Pekannuss-Cranberry-Tarte

Süß & fruchtig

Zutaten für 6 Personen

Teig
- 50 g vegane Margarine
- 150 g Mehl, plus etwas mehr zum Bestäuben
- 1 EL Puderzucker

Füllung
- 30 g getrocknete Cranberrys
- fein abgeriebene Schale und Saft von 1 Orange
- 1 EL veganer Weinbrand (nach Belieben)

- 125 g Pekannüsse
- 150 ml Ahornsirup
- 100 ml Sojamilch
- 3 EL Vanilleextrakt
- 1 TL Zimt
- 1 TL Ingwerpulver
- 1 EL Leinsamenmehl

So geht's

Den Backofen auf 190 °C vorheizen.

Für die Füllung Cranberrys, Orangensaft und Weinbrand in einer großen Schüssel verrühren. Mindestens 1 Stunde ruhen lassen.

Für den Teig Margarine und Mehl in einer Rührschüssel verreiben, dann den Puderzucker unterrühren. Nach und nach so viel kaltes Wasser hinzufügen, dass ein glatter Teig entsteht. Den Teig auf einer bemehlten Arbeitsfläche ausrollen. Eine Tarteform mit 20 cm Durchmesser damit auslegen. Die Pekannüsse hineinfüllen und die Tarte 15 Minuten im Ofen backen.

Ahornsirup, Sojamilch, Vanilleextrakt, Zimt, Ingwerpulver und Orangenschale in einem mittelgroßen Topf auf niedriger Stufe erhitzen. 5 Minuten sacht köcheln, dann vom Herd nehmen.

Die Tarte aus dem Ofen nehmen, den Ofen aber nicht ausschalten. Die Cranberrys mit einem Schaumlöffel aus der Flüssigkeit heben und auf den Pekannüssen verteilen. Das Leinsamenmehl unter die Einweichflüssigkeit rühren, dann diese Flüssigkeit mit der Ahornsirupmischung verrühren.

Die Mischung vorsichtig in die Tarteform gießen und weitere 30 Minuten im Ofen backen. Vor dem Servieren abkühlen lassen.

Rhabarber-Pflaumen-Crumble

Süß & fruchtig

Zutaten für 4 Personen

- 300 g Rhabarber, in
  2,5-cm-Stücke geschnitten
- 100 g Zucker
- 450 g reife Pflaumen,
  halbiert und entsteint
- ½ TL Zimt

Streusel
- 50 g gehackte Haselnüsse
- 85 g vegane Margarine
- 140 g Mehl
- 50 g Zucker

So geht's

Den Backofen auf 190 °C vorheizen.

Den Rhabarber und 60 g des Zuckers in einen Topf füllen. Abgedeckt auf niedriger Stufe 5–8 Minuten garen.

Den Rhabarber in eine quadratische Auflaufform mit 20 cm Seitenlänge füllen und mit den Pflaumen belegen. Mit dem restlichen Zucker bestreuen und mit dem Zimt bestäuben.

Für die Streusel die Haselnüsse in einer trockenen Pfanne auf hoher Stufe 5 Minuten braun rösten.

In einer großen Rührschüssel die Margarine ins Mehl reiben, bis große Streusel entstehen, dann Zucker und geröstete Nüsse einkneten. Das Obst mit den Streuseln bedecken und 25–30 Minuten im vorgeheizten Ofen backen, bis die Streusel goldbraun geworden sind. Vor dem Servieren 5 Minuten abkühlen lassen.

Napfkuchen mit Beeren

Süß & fruchtig

Zutaten für 12 Personen

- vegane Margarine, zum Einfetten
- 350 g Mehl, plus etwas mehr zum Bemehlen
- 2 TL Backpulver
- 1 TL Natron
- 400 g Zucker
- 60 g Kokosraspel
- 500 ml Sojamilch
- 150 ml Rapsöl, plus etwas mehr zum Einfetten
- 2 TL Vanilleextrakt
- 1 TL Salz
- 250 g gemischte Beeren, z. B. Himbeeren, Blaubeeren und Brombeeren, plus einige mehr zum Servieren
- Puderzucker, zum Bestäuben
- veganes Vanilleeis, zum Servieren (nach Belieben)

So geht's

Den Backofen auf 180 °C vorheizen. Eine Napfkuchenform mit 24 cm Durchmesser einfetten und bemehlen.

Mehl, Backpulver und Natron in eine große Rührschüssel sieben, dann Zucker und Kokosraspel untermischen. Sojamilch, Öl und Vanilleextrakt hinzufügen. Alle Zutaten zu einem dicken, glatten Teig verrühren. Salz und Beeren unterheben.

Den Teig in die vorbereitete Form füllen und 1 Stunde im vorgeheizten Ofen backen, bis an einem in die Mitte eingestochenen Holzspieß kein Teig mehr haften bleibt. 5 Minuten in der Form abkühlen lassen, dann auf ein Kuchengitter stürzen.

Den abgekühlten Kuchen mit Puderzucker bestäuben und den Hohlraum in der Mitte mit Beeren füllen. In Scheiben schneiden und nach Belieben mit ein wenig veganem Vanilleeis servieren.

Erdnussbutterkonfekt

Süß & fruchtig

Zutaten für 30 Stück

- 60 g Erdnussbutter
- 2 EL vegane Margarine
- 2 TL Puderzucker
- 350 g vegane Bitterschokolade, in kleine Stücke gebrochen

So geht's

Eine Mini-Muffinform mit 30 Papierkapseln auslegen.

Erdnussbutter und 1 Esslöffel der Margarine in eine kleine, nicht metallene Schüssel geben. 30 Sekunden bis 1 Minute in der Mikrowelle erhitzen, bis beides weich, aber noch nicht geschmolzen ist. Nun den Puderzucker gründlich unterrühren.

Die Schokolade und die restliche Margarine in einer hitzebeständigen Schüssel über einem Wasserbad erhitzen und unter Rühren schmelzen.

Je 1 Teelöffel der geschmolzenen Schokolade in die Papierkapseln füllen, darauf ½ Teelöffel Erdnussbutterfüllung geben und mit etwas geschmolzener Schokolade abschließen. Die Kapseln nicht zu hoch befüllen. 1 Stunde im Kühlschrank fest werden lassen.

Register

In dieser Reihe erhältlich:

Schnelle Gerichte

Studenten Küche

Vegetarisch

Vegan

Wok

Grillen

Nudel Gerichte

Salate

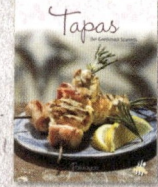
Tapas

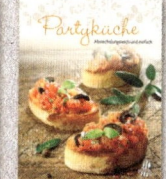
Partyküche

Säfte & Shakes

Cocktails

Desserts

Schokolade

Cupcakes & Muffins

Backen